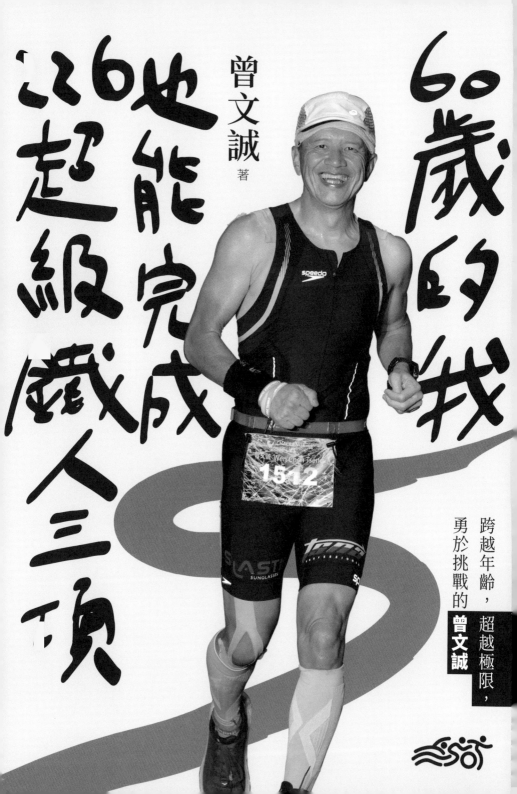

60歲的我也能完成226超級鐵人三項

曾文誠 著

跨越年齡，超越極限，
勇於挑戰的**曾文誠**

對於自己想做的事，就放手去挑戰吧！
不是覺得會成功才去做，而是發自內心地想要試看看，
這樣不管結果如何，自己都不會後悔。

——鈴木一朗

目次

爬起來比跌倒多一次，你就成功了

——體育主播　田鴻魁

認識曾公超過二十年了，早在我進入廣播媒體時，他就已經是家喻戶曉的電視台球評。

後來很榮幸有機會跟曾公一起播棒球，成為了工作上的伙伴。曾公一直都對後輩相當提攜，也不吝提供寶貴建議。但老實說，四十幾歲時的曾公，當年看起來並沒那麼好動。哈哈。

一次ESPN公司的九公里路跑賽，開啟了他的跑步人生，又或者說，人生的探險之旅。不服老，或可以說不服輸的精神，帶領曾公一次又一次的跨越極限，去挑戰那些別人認為半百人士做不到，或根本不該去做的事。

「別讓年齡限制了你的想像」，散文形式的寫作風格讀起來非常親切，文字間散發出曾公採訪寫作的職業精神，有很多經過他大量閱讀的旁徵博引以及轉播採訪人物的鮮活例子，筆觸相當有溫度而不做作，看著時而激勵人心時而幽默的文字，有一種跟老朋友對話的感覺。這本書除了是經過多年寫作的歷練，感覺更像是曾公過去二十多年的人生縮影，蘊含著極高的人生智慧，就跟戲迷追劇一樣，讓人翻開書就停不下來。

「《刻意練習》一書中寫道，人不是生下來就熟練某些能力，而是透過不斷練習跟跌倒。」曾公對於每一項新嘗試堅持做到更好的認真態度，值得每個人學習。我也相信，人不應該隨著年紀就忘了自己原本的夢想，只要活著，就該永遠保有對周遭事物的好奇心，我想曾公就是一顆勁量電池，尤其過了六十歲之後，感覺他才正要爆發而已！

更重要的是曾公不但開啟了個人的運動人生，也藉此鼓勵家人參與，我知道他多次跟太太淑華姊徒步環島，還有一起騎單車做訓練，就像在人生的賽道上互相扶持打氣，這是最棒的夫妻關係，令人非常羨慕與嚮往。

不管你是一個棒球迷、是一個跑者、是玩三鐵的勇者，或者就跟我一樣，只不過是一個「原地打轉」的中年大叔、一個失去動力的年輕人，這本書都很適合你。因為人生的任何階段，如果沒有目標，都是一段很可怕、很空虛的時間。不妨跟隨曾公的腳步，不管喜歡什麼，跨出去就對了。看完書你應該也跟我一樣，會有衝動想立刻報名一場二二六、跑一場全馬，或者至少開始去做一件自己一直停留在腦海但遲遲無法實現的夢想。就走吧！因為穿上跑鞋離開家門的那一刻（不一定要跌倒），你已經成功一半了！「行動力就是你的超能力」，這句是曾公說的。

如果光看曾公文字還不過癮，歡迎線上收聽我跟象總主持的podcast《跑步不要聽》第十二集〈牽著她的手進終點〉，相信你會有不同的感動。

在另一個賽場超越自己

——鐵人主播　侯以理

許多事情不如它們看上去那麼艱難，只要你／妳願意跨出第一步，並且努力去嘗試。

還記得幾年前曾公三番兩次跟我說，如果哪天他去比了二二六要出書，我一定要幫他寫推薦序，沒想到這天來得那麼快（笑），就像是書中提到的「沒有不可能」，果真如此。

還記得二〇二〇年十一月十四日，夜色中我騎著不知道哪裡借來的腳踏車，在台東森林公園一路狂飆，心裡想著，為什麼還沒看見曾公的身影，根據手機追蹤的預測，他不是應該要在這附近嗎？結果這位阿伯竟然比我預期中跑得還要快了一些些。老實說當下我擔心自己的成分比較多，因為我曾答應他比賽中一定會現身幫他加油，要是沒讓他看到我，可能會被嘴一輩子，以後在棒球圈甚至運動媒體圈也不用混了……

好在一陣飆車後，總算在終點前四、五公里，讓我發現了這位移動中的大前輩，曾公穩健地跨出每一步，不能說快，但就是穩。雖然一看到我，曾公就霹靂啪啦抱怨自己比賽中犯了哪些錯誤，有哪些不滿意的地方，但不難從他的眼神看出，他是多麼地有自信，把過去十八個月的辛苦練習化為動力，在最後這一里路，穩穩推著自己向前。

早已忘了第一次和曾公見面的景象，只知道過去我在體育台工作時，他一直都很罩我，從我播報被大家戲稱為「小聯盟等級」的十五分鐘快報開始，就一直向這位賢拜學習各種棒球知識與常識。我從菜味十足的記者，一路成為體育台主播，甚至專訪許多美職、日職、中職的頂尖棒球員，曾公在職場上給我的養分絕不在話下。

有趣的是在鐵人三項領域，我們從一開始的閒聊，到他循序漸進由五一·五、一一三、二二六逐項破關，我參與並見證了這一切，這方面我是真的有不少經驗和專業可以分享，以致到後來，他傳訊息來報告訓練起伏或是請教問題的頻率，已經比我 call out 這位資深大聯盟球評，請他幫忙分析賽事好讓我做新聞，還要頻繁了！現在想起來，我們都在不同的領域從一張白紙開始，靠著每天一點一滴的努力、累積，好不容易攻克了心中長久渴慕的那一個目標！

比賽那天看著曾公牽著老婆跨進二二六終點線的那一刻，真的好感動、好開心，因為我知道要這樣堅持不容易，看著曾公成就自己，當下我心中的滿足與快樂，不亞於自己跨越終點線！

職業運動場上確實有數不清激勵人心的感動時刻，在我們的生活中未嘗不是如此，每天辛勤過日子也要奮力追尋自己心之所向！這本書不是專業的訓練記錄，反而是很接地氣的各種備戰日常，用曾公一貫溫暖、樸實、又很生活化的筆觸，穿插著棒球的故事，以及他球評生涯片刻，訴說這段有夠漫長、一步步實踐夢想的過程。

無論你／妳是不是棒球迷、喜不喜歡鐵人三項，這都是個可以慢慢咀嚼的好故事，說不定也會帶來些許感動，鼓勵你／妳去挑戰自己原本不敢追尋的目標！如果哪天想不開，也歡迎加入我和曾公二二六的行列喔！

踏出第一步，才有機會擁抱夢想

——鐵人三項國家級教練　楊志祥

「曾大哥，您好！」這是我在剛開始最習慣稱呼曾公的方式，沒有直接稱呼「曾公」是因為我覺得不太好意思，因為好像沒有很熟，只敢稱呼曾大哥。我也是個棒球迷，但僅停止在黃金三劍客的時代，說真的對曾公不算是太了解，反而只對聲音比較熟，透過以理的介紹，知道曾公想要參加二二六的賽事，才有機會認識這位在台灣棒球領域重量級的人物。可能也因為「曾公」這個稱呼代表著在球場的他，玩鐵人有個不一樣的稱謂也許會比較有新鮮感。但後來經歷了近四個多月的配合，順利完成二二六的挑戰，我心中背負的責任完成了，我才敢在後續訊息聯絡中稱呼他「曾公」。

要一個「公」字輩的人挑戰一件新鮮事有多難？這絕對要比教家中的長輩學習一種新的語言還要有難度。要完成鐵人三項比賽，需要踏出舒適圈，而這個踏出舒適圈也不是出去一下下就好，因為很多技術技能不是看看書或是上幾次課就能學會的，而是需要規律穩定地做一件事超過四個月以上，身體才會慢慢記憶。曾公令我敬佩的是他用各種方式來讓自己更強，接受各式各樣新的挑戰，用多出來的時間加緊訓練，把面對訓練的苦和難當作滋養自己的養分。我想「吃苦當作吃補」，絕對是曾公訓練各種完賽能力的最佳心法。

說到書中，我最喜歡的一句話是「別讓年齡限制你的想像」，不用說我父母親還有沒有夢想，我常常都問出了社會的自己，我還有沒有夢想。以前擔任國家隊選手時，挑戰亞奧運好像是每個選手的夢想跟目標，但現在只不過是開始工作有了家庭，連要參加一場比賽，或只是可能需要在生活中做出一些些改變，都不敢想，也不敢做了。不知道是太過安逸，還是忘記我們人人心中都有內建勇敢，看完曾公的這本書，並不是要大家直接離職去追逐夢想，工作還是很重要，而是回想起自己曾經做過的夢。那個夢可能很高很遠，但試著從自己能踏出去的那一步開始，開始往前走了，就越來越近了，即使有生之年可能都無法碰觸得到，但有夢想、不被限制想像，才不會活得像隻鹹魚。

曾公在台北市立棒球場的podcast說到，他人生有三十多年除了棒球還是棒球，在經過這次的鐵人三項二二六挑戰後，我覺得曾公現在除了棒球還會鐵人。有時候看看一成不變的生活，沒有目標時，想想曾公的二二六「打鐵」之路，可能可以讓自己多一份信心。加油！大家想要考驗自己的時候可以去創業，如果想要找尋勇敢，可以來比鐵人三項。

人與人的連結，就是如此神奇

——世界健身俱樂部，資深個人教練　蔡承翰

「曾文誠」這個名字，全台灣只要有看棒球的人，應該一點都不陌生。

還記的二〇一三年的那一天，一樣是個上班教課的下午，看著公司電視轉播著大聯盟，偷偷開一點聲音來聽曾公的講評。突然間聽到，固定式器材槓片相互碰撞的聲音，打擾我聽專業球評的解說，秉持著教練專業的巡場教育精神，讓我去現場尋找聲音的來源。

遠遠的看到一個大哥，不熟悉地操作著器材，於是我趕緊過去指導。「大哥，這個器材在使用的時候，槓片盡量不要碰撞到。」講完後仔細一看，突然發現這個人就是電視裡面的名球評——曾文誠老師。

經過那個下午人與人的連結之後，曾老師就變成了我的學員，也變成可以讓我跟別人到處炫耀的教練經歷之一。身為專業的私人教練（雖然我的外表真的就像曾老師在書裡說的一樣，一點都看不出來是個在公司待了十五年的教練），除了要給學員正

確的運動姿勢，以及專業的運動知識，最重要的就是要給學員不斷努力的運動方向與前進目標。

二〇一四年台東普悠瑪的標鐵，二〇一四年的石門水庫半馬，二〇一四年的台北富邦馬拉松全馬，二〇一五年的東京馬拉松全馬，二〇一六年泳渡日月潭，二〇一七年的CT鐵人三項一一三半程超鐵，二〇二〇年的CT超級鐵人三項二二六，這些我都有幸一起參與到。給了目標與方向，能不能讓學員達成，就是教練最重要的課題，很高興的，曾老師每項挑戰都成功了。

從二〇一三年十月底開始，到二〇二〇年四月底，帶曾老師訓練了六年又七個月，對我來說實在是相當有趣。一般來說，教練課大都是學員提問，教練回答比較多。好多次幫曾老師上課的時候剛好相反，都是我一直問、曾老師一直答。曾老師偶爾也開玩笑地說，請付節目通告費用，哈哈。

曾老師有多麼認真在做訓練，請大家從書上閱讀，我在這就不多加敘述，只能簡單地說，成功絕對是日積月累而來的，而且不會只是曇花一現。

謝謝曾老師這段時間對我的信任，實在非常開心看到曾老師完成所有自己設定的目標。

讓我們接下來繼續挑戰其他的運動目標吧，喔耶！

二百一十萬分之一

清晨六點不到，站在台東活水湖前，心情超乎想像的平靜；與昨晚無法入睡的我，好像不是同一人。

面對這片長度超過一千公尺的湖面，再過不久我將一躍而下，十八個月的訓練、備戰的成果，就等這一刻驗收了。有時想想二二六超級鐵人賽像極了以往的大學聯考，準備多時就等那一天到來，差別只在於你已經知道了題目，就看你能不能在時間內寫完寫好答案。

二二六超級三鐵賽，官方正式的競賽距離是：

游泳三・八公里

自行車一百八十公里

長跑四二・二公里

光看一堆數字，可能沒什麼概念，不知道這比賽困難在哪裡？如果以實際地理位置做比喻，那麼二二六超級三鐵賽可以想像成：早上六點跳下日月潭，日月潭最長距離大約是三千公尺，所以三千八百公尺等於要游超過一個日月潭的長度，且要在八點半之前上岸。當你很慶幸自己能從水裡活過來後，沒有休息的時間，得立刻帶著你的腳踏車，開始從日月潭往北騎，必須趕在日暮西垂的下午四點半前騎到新竹，

直線距離約莫一百八十公里，這是一趟會讓你騎到很厭世、似乎是人生走馬燈快亮起的長途騎乘。到達新竹後換上跑鞋，從風城開始往北跑，目標是桃園，就是一個全馬的距離（四二·二公里），且要在晚上十一點前抵達，否則你今天就是白忙一場，不論當中有多累多苦，對，就是白忙一場。如何？這就是二二六超級三鐵賽的概念。

如果你覺得光看就很可怕，那是正常的，我也覺得這好像是不太「正常」的競賽。第一次參加五一·五公里三鐵賽時，我常在想是誰搞出這玩意兒的？當時沒有太認真去查資料，但不知誰跟我說是三個老外海軍軍官，沒事在酒吧瞎吹弄出來的。台灣老一輩罵人狂妄自大、虛張聲勢是「便所蠟燭，臭火」，這位幾官軍官雖不至於此，但男人三杯黃湯下肚，什麼牛皮都能吹、什麼事都敢做，這我絕對相信，所以也沒太深究是真是假。後來才了解，古早的一九二〇年，在連橫出版《台灣通史》的同一年代，法國人就有在玩這活動的記錄，只不過當時的距離是三公里跑步、十二公里騎車，還有橫渡海峽，至於游了多遠則無據可考，不過根據幾年後的比賽來看，大概多是兩百多公尺。果真如此，那麼以這樣的距離，今天稍微有在運動的人應該都辦得到，即使一九二〇年代的自行車沒有什麼變速功能，但騎個十二公里問題不大。

提到這，一九二〇年代的腳踏車不止能比賽，還真是多功能。一家名為Bianchi的公司曾和軍方合作，生產了一款讓輕步兵使用的車種，車把上可以架槍，軍官還能多架一把刀，車把能夠掛油燈以便夜間騎乘。那時代的自行車不僅是戰爭代步工具，也是運動競賽項目。一九二〇至三〇年代稱霸世界自由車公路錦標賽的是一位叫做阿爾佛雷多．賓達（Alfredo Binda）的人，此君很厲害，我看過一張他騎車的照片很有意思，如果你對義大利帥哥有什麼既定印象，那麼照片中的他就和你想像不遠，來自義大利的他，梳著油頭騎著沒有變速功能的彎把車，手把前方有水壺架，掛著鋁製水壺。重點來了，他肩上還背了條備用胎以備不時之需，那個年代的人真猛。

不過訓練一直自我要求很高的阿爾佛雷多．賓達曾說過：「騎自行車只需兩條腿」，這句看來像十足廢言的話，如同聽到棒球教練要投手把球往好球帶丟、打者壞球不要揮一般，有說等於沒有說，但背後卻是需要長期訓練與比賽經驗的結果，是很深的感觸。「騎自行車只需兩條腿」？如果你也曾參與過長距離的騎乘活動，什麼「一日北高」、「東進武嶺」之類的，在比賽前的練習、比賽中的競速，你絕對同意這句極普通卻很有含意的話。我騎過一日北高，所以我也相信。

一次比三個項目，到了一九八〇年代就發展成如今的比賽內容，即游很遠的三．八公里、騎很久的一百八十公里，還有跑得要死的四十二公里。一開始三鐵的比賽就搞很大，要讓參加的人證明自己是所謂的鐵人。但如果你要一項運動能讓更多人玩，競賽標準真的不能門檻太高，最直接的方式就是把標準降低一點，或是低很多也行，像如果也能享受投打跑樂趣的話，不必打硬式棒球，軟式棒球或慢壘也是不錯選擇。八〇年代後三鐵的距離及完賽時間都往下修，比賽內容有「五一．五標鐵」（游泳一．五公里、自行車四十公里、跑步十公里）、「半超鐵」（游泳一．九公里、自行車九十公里、跑步二十一公里），後來延伸出「半鐵」、「小鐵人」等等不同項目。根據國際鐵人三項運動聯盟（International Triathlon Union，簡稱 ITU）的資料顯示，全世界每年參與鐵人三項比賽的總人數已超過二百一十萬人。我陸陸續續跑過幾場三鐵賽，我知道玩三鐵的人不少，每年光台東三鐵季節就是一副嘉年華會的景象，好不熱鬧，但聽到全世界有超過兩百萬人是同好也頗驚訝就是了。而二〇〇〇年雪梨奧運將三鐵列為正式競賽，更是將此運動推昇到競技的最高峰。

全球有二百一十萬人從事三鐵，我從來就不覺得自己會是那二百一十萬分之一。

我是老人嗎？

我從不覺得自己會是那二百一十萬分之一。

從來沒有，至少在二〇一三年，我五十三歲之前。

我是一九六〇年出生，二〇一〇年就代表我滿五十歲，五十歲就要有五十歲人的樣子，怎麼可能去玩太激烈的運動，那一九六〇年到底是多久遠的年代？講幾件與台灣有關的一九六〇年大事。

五月九日中西橫貫公路通車。一九四九年中華民國政府撤退到台灣，其中帶了六十萬軍人，為了安置這為數龐大的官兵，一九五一年開始就利用這些軍人及退伍兵參與國家建設，既可發展經濟又能解決就業問題，因此以退伍軍人骨幹參與了橫貫公路的修築，不但是打通中部與東部的要道，也增加了從事農業、養殖畜牧業的工作機會，對當年台灣經濟發展有非常大貢獻。

六月十八日那天，美國總統艾森豪訪問台灣，美國現任總統來到台灣，這絕對是空前也很可能絕後的大事。我看了史料發現，艾森豪總統來台灣的過程很酷，他是先到菲律賓，之後再搭第七艦隊的聖保羅號巡洋艦經巴士海峽，再從艦上轉搭直昇機飛到松山機場，迎接艾森豪的自然是當時的總統蔣介石，以及盛況空前的場面。

九月七日，這一天是台灣運動迷都該記得的日子。羅馬奧運十項運動項目，楊傳廣經過兩天奮戰，雖然僅以五十八分的微小差距落後給美國選手強生，但楊傳廣仍為台灣奪下了十足珍貴的銀牌，不要說是台灣人，亞洲人要能在奧運十項比賽中脫穎而出，是相當困難的，楊傳廣這塊牌彌足珍貴，為了表彰他的貢獻，台東市還有一條街道名為「傳廣路」。

十月八日，發行《自由中國》月刊呼籲實行全面民主、言論自由，並進而積極著手組黨的雷震，經國防部軍法處審判，以「意圖以非法方式顛覆政府，而著手實行」，被處有期徒刑十二年。

以上事件涵蓋了外交、運動、經濟與政治，不論各方面都對台灣發展影響甚巨，然而，對多數人而言都是無比陌生，原因是什麼？年代久遠而已。

在二二六比賽前一天，協助我訓練的教練們搭火車到台東專程為我加油。提早一天到台東的我趕去火車站接他們，之後，我們在火車站附近租了兩台機車就往下榻的飯店騎去，大約五、六分鐘後，我們途經「傳廣路」等紅燈，其中一位教練林姿瑩說：「傳廣路，好有趣的名字」，我聽到一臉疑惑地問：「你不知道傳廣路代表什麼嗎？」她也用疑惑的表情回我：「我應該知道嗎？」。我是嚇到了，「楊傳廣」，沒聽過這號人物嗎？正想好好解釋時，綠燈亮起，催油門的聲音再度響起，兩台機車呼嘯離去。

這已經不是我第一次嚇到。

十年前的某天，我記得很清楚，在辦公室聊到中華隊的第四棒，然後我說出了個名字「趙士強」，年輕同事一臉黑人問號的樣子嚇到了我，怎麼可能沒有聽過這個名字？雖然我想安慰自己說至少他們沒講「演水果奶奶那個嗎？」但大家都是喜歡運動才進來這個公司，怎麼會對此名陌生，不可思議。就像二十餘年後，如果提及陳金鋒這三個字，也會有人不知道一樣，很難想像吧？

拿陳金鋒比趙士強肯定有人不認同，但對我們那一代的球迷而言，趙士強就是中華隊四棒的代表，就是那個年代的「陳金鋒」啊！

這就是歲月可怕之處，經過它的穿越洗滌之後似乎是無堅不摧，尤其是記憶。所以艾森豪是誰？能知道美國總統是拜登、川普，了不起加個歐巴馬就不錯了。那橫貫公路呢？這條十餘年來不甚通暢的公路，早就在多數台灣人心中模糊不已。雖然我們該記得雷震，在黨國時代還這麼不怕死的推動民主，真的是硬漢一個。我們也更該記得楊傳廣，不止是因為他幫台灣奪下奧運銀牌的偉大事蹟，而是他和對手，也是他在UCLA的好友強生，在比賽過程中許多令人動容的經典畫面，尤其在一千五百公尺結束那刻，強生精疲力竭靠在楊傳廣肩上的畫面，那種「比賽是敵人，終點線後是最好朋友」的運動精神，成為奧運史上最動人的一幕。

然而現在大家都忘了楊傳廣，自然也不知道雷震為何人，我不覺得悲傷，畢竟年代久遠了啊！六十年，不算短的歲月。好囉！我就是在六十年前，這些重大事件發生那年，出生於基隆一個小角落。

不管過去、現在或可能是未來，六十歲都被視為「老人」，那麼到底什麼是「老」或說是「年紀大」，有時我覺得那是相對的。羅大佑那首〈童年〉，歌詞有句「什麼時候才能像高年級的同學，有張成熟與長大的臉」，那就是相對不是嗎？對低年級小朋友而言，高年級就是成熟、就是長大。某次我和太太在河濱公園練習滑板，滑板真的是項很有挑戰性的運動，如果你要更進階，不僅是要能「滑」還要「飛」得起來，那真的需要很多練習及克服許多的恐懼不可，就在半個多小時的練習後我們坐下來休息，有個約莫幼稚園年紀的小孩盯著我們看了半天，就問「你們念幾年級？」還好那時我沒喝水，不然真會嗆到。都還來不及也真不知該如何回答，這個有雙大眼還有圓圓的雙手，講起話來可以用手舞足蹈形容的小小孩自己回：「我猜是五年級」。

多可愛啊！在他眼裡五年級就是「老人」，對吧？

這就是相對！

剛進大學就覺得大四的學長看來都很老。出了社會，擔心如果到三十歲「老了」還一事無成該怎麼辦？接著到了三十多，再看一些五十餘歲的人就常在想，如果自己也

老了，屆時不知什麼樣子？

時間一直在走，過了一段時間，你就會對「年紀」或某些用詞特別敏感，怕被從哥改叫叔，怕被從姊改叫姨，怕「初老」變「已老」。

某次我們在體育台化妝室梳化，準備即將開棚的現場直播。我們都叫她「花花」的化妝師，不僅非常專業而且在業內頗具知名度，她的習慣是一邊化妝，一邊和我們聊天，這也是我在不同電視台會看到的景象，也無怪乎有人說電視台化妝室是最八卦的地方。這一天照例她一邊吹我的頭髮一邊聊天，不過後方電視也開著，新聞台正播放每個小時都不斷重複的舊聞，此時電視機裡傳來主播一句「三十餘歲婦人……」，後面的話我已經聽不太清楚，因為花花已經暴衝了，聲調高到不能再高的吼著「什麼叫三十歲婦人？你這個主播會不會講話啊！三十歲還很年輕好嗎？」這時的我很清楚花花怒不可遏的情緒，但我更怕的是她會做出什麼危險的舉動，我只能很輕聲地說「那個花花，我知道妳很生氣，但妳可不可以不要把吹風機靠我頭那麼近，而且一直吹同一處。」

不到一個月後，我一個人駕車到新竹，回程路上我開著收音機，整點時間一到，電台依慣例播放當天新聞，「……受傷的是五十幾歲老人……」，車內傳來這句新聞片段，同樣的，我沒有聽到後面講什麼，這回換我理智斷線，明明車內沒人，但我卻像是要宣告什麼似地大喊：「五十歲哪裡老？不算老人，只是大叔而已吧！」

我們不會懷疑有一天人類活到一百歲是很普遍的事，但那天到來之前，「老人」是有明確定義的。胡月娟在其著作中提到世界衛生組織說明六十五歲以上至七十四歲為初老期（young old），七十五歲以上至八十五歲為中老期（middle-old），八十五歲以上為老老期（oldest old）。也有人將六十五至七十四歲的老年人稱為年輕的老年人，七十五至八十五歲為中年的老年人，八十五至九十九歲是老的老年人，一百歲以上即為最老的老人，又稱人瑞。

好複雜又多的名詞啊！如果真要定義「老」的話，大概要六十五歲以上，不過一般人也沒什麼概念，總之，比我大的人，或是想像得出來的人都是「老人」，而且這些想像而出的，都極有可能來自於對老人的刻板印象，認為老年人是不具生產力、依賴、沒有價值者；或認為老年人有記憶與生理上的缺損；或認為老年人就是貧病、無能、無權的綜合體。

會不會我們都不是真正的怕老，而是怕變成你現在目睹到眼前很多「老」的樣子。中村留美的《歐吉桑圖鑑》一書就說到（也畫到），什麼是歐吉桑？什麼是老的具體形象？就是明明穿著短褲，腳上還硬要搭皮鞋出門；褲子非得拉到極高腰不可（柯文哲？）；走起路來晃來晃去，挺著像快生產的鮪魚肚；一直囉嗦抱怨的人；坐在捷運上喜歡盯著旁邊人看……。

醫生鄧惠文在其書作《我想看妳變老的樣子》提到，在年輕人眼中，老人令人害怕的舉止有：要求他人主動讓座、開始呈現「不負責任」的放棄態度、喪失個體距離的意識等……。

所以我們真的很怕被稱為老人。即使每個人都清楚，不論你現在幾歲，總會碰到「老」這個字降臨到你頭上。

照說我應該十年前就老化了，我的個性也許不會對人囉哩囉唆，但可能開始挺著大肚子緩慢移動、坐在捷運上喜歡盯著旁邊人看……，如果不是報名那場台北馬拉松九公里的話。

爬起來比跌倒多一次你就成功了

二〇二〇年十一月十四日，趕在下午四點半之前，騎完一百八十公里自行車的我，回到賽道的起始站，在轉換區用最快的速度換下卡鞋，改套上跑鞋，準備迎接最後的四十二公里。起步的速度比我預期的好很多，這歸功於之前長時間的轉換訓練，不到一公里我就轉進了活水湖森林公園，十幾個鐘頭前我才從這裡下水，現在又回到這裡，幾乎耗了一整日之後，還有個馬拉松要完成。想想自己，幾年前連九公里都跑不完，很奇妙。

在我三十年的棒球轉播生涯，究竟服務過多少電視公司？自己都數不清楚，但肯定的是ESPN絕對是其中最久的。

一九九六年我就在ESPN轉播美國大聯盟，那時還得從台北飛新加坡，因為ESPN亞洲總部設在那兒，一個月大抵要飛兩趟左右，每次一待就是一個禮拜，在那個沒有網路的時代，工作之後不知如何打發，算是比較辛苦的部分，不過有機會在異地工作也是件很不錯的事。

後來ESPN在台灣設分公司，有專屬的錄音室，不再和家人因工作分隔兩地，感覺很幸福，而且終於有台灣同事了。我一直很喜歡ESPN的同事，這家美商電視台，台裡的氣氛也很美式，雖然我常是早上七點的比賽，等做完節目差不多上午十點，但錄音室外的同事才三三兩兩來上班，即使如此大家還是很有交情。

那天，一如往常，我轉播完一場比賽走出錄音室，拿著我的咖啡杯盡可能不打擾他人，慢慢往前移動，突然有人叫住我，那是行銷部的Mia，她說的那句話，我還記得：「曾公，我們要報台北馬拉松，我已經幫你報了9K組了。」通常我做完比賽都是累到不想再講話的狀態，但我在聽了那句話之後立刻清醒，等等，報了9K組是什麼意思？跑馬拉松？我不跑步的啊！

說我不跑步也不太正確，是以前跑過，但記憶實在太苦痛了，所以根本不想再跑，有生之年如果可以的話。之前的跑步經驗和多數男生一樣，是在當兵很不得已的情況下。那時我駐防金門，七〇年代的金門還有點戰爭氣息，不過平日部隊很少操體能，跑步也不多，唯一要「長距離」跑步的就是每月師部要求的五公里。那時各部隊統一帶到太湖公園，然後大家齊跑，如果是連上自己活動，要怎麼跑連長就睜一眼閉一眼，但當不同單位一塊跑，說什麼各連長也要面子，所以我們在前面跑，連長就在後面一路罵，跑多久他就罵多久，我們都已經夠喘了，耳根子還不能清靜，實在是很糟的經驗。男人都很愛提當兵之事，尤其早年的查甫人，不過事後回憶當兵很有趣，但身處當下實在很痛苦。

這是我唯一跑步的經驗，應該講唯二。另一次已經是退伍十多年後，我在台北體院念研究所，教授運動管理的老師希望全班去參加太魯閣馬拉松，觀摩運動賽會的規劃與經營，那時我還帶兒子從台北到花蓮，報的是五公里組，不開玩笑，我們父子倆應該不到一公里就開始用走的，成了五公里散步組。

所以報了9K組是什麼意思？這要我命吧！

此時我有兩個選擇，其一是誠實地告訴Mia，雖然在體育台工作，但主播球評都出張嘴，講得是一口好球，但真要動起來是心有餘力不足；其二是硬著頭皮說ok，大家感情都這麼好，她如此熱心幫我報了名，就去跑吧！結果我做了這一生最正確的決定之一，就跑吧！

九公里到底是什麼概念？老實說我這種平常不是開車，要不就是兩輪機車代步的人，真的沒什麼距離感。但我只知道當年二十歲正港少年郎五公里都跑得氣喘吁吁，那多了三十幾歲的我，距離拉長近一倍，應該很可怕吧！

光想就覺得恐怖，但都已經報名了，至少要練一下吧！我沒什麼「偶包」，但從頭走到尾總是不好看吧！

我居住的前方就是永和堤防，堤防邊有步道，我只在上面騎過車，距離大概就是永和、板橋來回，帶著兒子一塊騎，了不起是來回十公里。而這次我要穿上鞋，且還不是專業跑鞋跑起來。

聽說跑步有諸多好處，此時當我第一次練跑，我只知道它有很多壞處，我氣喘不已，說「跑」其實應該是比快走好一點點的速度吧！真的很喘。一公里不到我就想放棄了，不誇張，有種心臟快從嘴巴跳出來的感覺，如果真跳出來，我還沒有力氣用手接，因為整個雙手累到不是擺動，是完全的垂放。

人腦中同時有兩個大腦，這是《輕鬆駕馭意志力》這本書說的，這兩種同時存在的腦，一種會對我們的立即需求有高度回應，但不一定符合我們的長期目標。另一個相反，會讓我們記得長遠目標、重要的價值觀，以及用寬闊的目光檢視自己的人生及選擇。白話一點講，人腦中就住著天使與惡魔兩個角色，一個要你看遠一點、一個要你即時享樂。這晚第一次練跑的我真的很累，腦中那給我正能量的天使今晚一定休假了，滿腦子只有快回家、快回家的念頭。結果，我沒有回家（腦中的惡魔或許也累壞了），只是改成用走的，把預定三公里走完，但到底有沒有三公里也不是那麼確定，手腕上什麼運動錶都沒有，不知速度、不了解距離，只知道「可能」三公里了，然後就結束第一天的訓練。

有什麼事是你覺得最得意的？英文很強？鋼琴彈得很好？還是畫畫很棒？有沒有想過你這些比他人強，或者說你只是很愛從事的這些，一開始是如何練的？《刻意練習》一書告訴我們天才是不存在的，沒有人呱呱墜地就熟練某些能力，都得從第一步踏起，但常常第一步跨出後卻是跌坐在地。

我在不同演講場合，即使是對拿下二〇二〇年中華職棒總冠軍的統一獅隊演講，我都喜歡用一句話來勉勵聽眾：「爬起來比跌倒多一次你就成功了」。第一次練跑真的很像是跌倒不想再起來的苦痛，事實上初期的每次練跑都很痛苦，記得有一回我改換場地，轉換一下心情，我去大安森林公園跑，那邊的距離就比較好抓，繞一圈大約是兩公里，但距離好量測不代表你就比較ＯＫ，記得我約莫跑了兩圈就停下來休息，喘氣聲大到引起身旁小朋友的注意，轉身問了我一句：「叔叔，你是不是很不舒服？」我很高興他叫我叔叔不是阿伯，讓我年輕了十幾歲，但我怕如果回答「是」，他會趕緊去撥一一九，所以趕緊說我沒事，呼！應該沒事！

後來，不論是想挑戰任何比賽或學

習任何事物，包括溜滑板或跟女兒學彈鋼琴、跟老婆學煮菜，我都會以剛開始練習跑步這段經驗來提醒自己，初期肯定是不順利的，但重點是如何持續下去。

我會持續下去，老實說自己也意外，明明第一次練跑不怎麼愉快，但過兩天我還是往堤防而去，差別應該是沒有人逼我去，而且不像當兵那樣有人在後頭罵個不停，我只是給自己一個目標，不要太早放棄、太早用走的，我想要練到屆時比賽看能不能至少跑一半的路程，這是我的目標。

你要怎麼鼓勵自己？

設立微目標是完成最後目的的一種手段，這是我後來才發覺的重要觀念，但我當時完全沒有想那麼多，反而是我很早就想到一個「策略」，從那時到今天，這個策略一直都在用著，包括二二六能完賽，我覺得那是很重要的因素。

幾年前我們家到堤防邊不是那麼方便，人行通道還在興建中，所以我得騎車繞個小圈才能到水門入口。從跑第二趟開始，我機車上就放了瓶運動飲料，以防口渴，但如果邊跑邊拿著飲料，而且還得停下腳步開瓶口，實在不方便，所以就把它放到機車置物箱，等結束再喝。就是這個動作支持著我，跑步時如果累了我就想「再撐一下，等一下就有好喝的運動飲料等著我」，這一招對我是有用的，先預想結束後要用什麼方式鼓勵自己，這方式真的很能激勵我。

我在接近二二六比賽前的高強度訓練，不論是單車一百五十公里騎乘，或是三十公里長跑訓練，過程中我總是這麼告訴自己「撐下去，等一下就能……」。後來，我也用同樣的方法鼓勵和我一起跑步的太太，還有偶爾有機會同跑的夥伴。

二二六結束後，我依然保持跑步的習慣，即使出外渡假也不例外。某回去恆春玩，隔天起個大早準備出門去跑山路，身旁還有老婆淑華，當我們從二樓往下走，看到民宿大廳有人在等了，那是FOX體育台同事Jo，我有點嚇到，昨晚她是有說要和我們一起跑，但我只覺得年輕人說說而已，不太可能起得來，但沒想到她不但起來了，還比我們早，精神可嘉！

我們出民宿門口往右跑，一開始是一公里左右的下坡，看起來很好跑，但那代表的是回程就是同樣距離的上坡，對不常有跑步訓練的Jo而言是很辛苦的，是很大的挑戰，要命的是明明在恆春，碰到的卻是又冷又溼的天，雨不斷打在身上，還有持續往上的坡，Jo看起來很喘、很喘，出門前就說可能跑不完的Jo，感覺已然跑不下去。我邊跑邊跟她說「Jo撐下去，等一下妳就可以泡妳這輩子最舒服的熱水澡！」她應該有聽下去了，雖然速度慢，但一直到民宿之前都沒有停下來。那天下午我們夫妻看到她，一直誇她很強很厲害，看得出來她也頗得意，重點是想著泡熱水澡，一直沒有放棄的Jo，在恆春雨中跑山路，這件事足夠她說很久了。

不管是用熱水澡、美食，或單純事後發個炫耀文，肯定會幫你多撐一下。這招其實是學來的，以前採訪統一獅投手郭進興，問他在日本如何能在三天內投二十一局，就為了拼進都市對抗賽的全國大會，他跟我說每次碰到這種極限大挑戰，他都會在心中先模擬一些畫面，像拿下最後一個出局數、得到勝投或化解危機時要用什麼動作慶祝，這些「想像」能讓他產生更多力量來面對一切。棒球有不少意象式訓練法，不過都屬於狀況式練習，擊球前先預想出局數、幾好幾壞等，像郭進興這種先把「爽」的動作跑一遍的是第一次聽到，自然印象深刻。

郭進興告訴我的故事不止這個，對我們運動訓練也是很有啟發，他說到日本的第三年，那年是一九八九年，東瀛出奇的冷，是那種從腳底貫穿到頭皮的冷，加上又是二月天，原本該躲在暖被中的，但郭進興卻到所屬的伊藤榮堂公司辦的新人研習營上課。新進人員研習營的目的是在加強新人的精神教育，主要針對人性弱點做探討，以及如何激發自己潛能。

有一天中午全體學員被叫到外頭的湖邊，訓練營所在地的郡山市此時仍被皚皚白雪覆蓋著，地上的雪積到膝蓋那麼厚，當帶隊的講師講了一段話之後，此時其他日籍學員一陣嘩然，日語並不精的郭進興還以為是講師說了這個湖的典故而引起驚嘆，可是當學員一個個把衣服脫掉時，郭進興才發現情況不太妙了。

這時郭進興才知道，原來講師是要求大家把衣服全脫了走進湖中，此時郭進興心想，這種天氣光是坐在教室裡都覺得衣服穿太少，更何況是要脫到一件不剩，然後走到冰冷的湖中，「那不是自殺是什麼？」

不過這只是想而已，當所有人走進湖中，只剩郭進興一個人時，他知道這件事是躲不掉了，「都到這個地步了，他們是人我也是人，更何況不能讓日本人看笑話！」就這個念頭，他打起精神脫掉衣服，一步步往前踏。

在湖中狂打哆嗦的郭進興，聽著學員唱著歌，大意似乎是說：

「什麼事情不是光用嘴巴說、眼睛看，你要親身去體驗才知道。」

「天底下沒有做不到的事，只有做得到的事。」

「做不到的事情就不是事情，既然是事情就做得到，只是你要不要做的問題。」

郭進興常說，在這件事之後自己的人生突然改觀，事情的想像永遠比實際可怕，脫衣服進冰湖中是會死人的，這是想像。而實際呢？當你走進湖中去體會就完全是另一回事了，所以那趟新人研習之旅結束，他真的改觀了，什麼事都拚盡全力，一上場就全力求勝，「還沒有打怎麼知道會輸，拼了再說！」這幾乎成了他的口頭禪。

郭進興的故事完全告訴我們有時想像真的比實際可怕，而所謂的恐懼多數來自於莫名的想像。例如在開放式水域，腳踩不到底，不論是九百公尺或三·八公里都很可怕，這是多數人在面對三鐵賽，第一關游泳項目的共同恐懼，游泳好像令非常多人害怕，我也不例外。台灣明明四面環海，但會游泳的人比例並不高，有人說那是台灣基於國土安全，長期「禁海」的結果。許又方教授在文章提到：台灣為何仍實施海禁？理由不外是「國土安全」考量。在過去「漢賊不兩立」的國共對峙時代，為了防止敵人藉台灣環海之便滲透、破壞，因此嚴禁一般人民自由出海，甚至許多海岸都被劃為軍事禁區，靠近一步也不行。這種幾近鎖國的作法，使得台灣過去六十餘年除了經濟及漁業等需求的海上活動外，庶民生活幾乎與海洋絕緣，因此也就發展不出完備的「海洋文化」。這或許可以當做我們無法親近海的解釋，但我覺得傳統的「教育」方式會不會也是原因之一？我高中的時候曾在天母公園看到至今難忘的一幕，一個小老外攀爬公園中的遊樂設施，結果不小心摔了下去當場嚎啕大哭，顯然是他爸爸的老老外走了過去，二話不說把他抱了起來，然後要他重新再爬一次。我那時在想，如果是小台客，爸媽會不會是完全相反的反應？不會抱他再試一次，而是當場罵一頓，甚至出手巴下去？這或許就是差別所在，我們會避免任何看起來很危險的事物，我們一切以「安全」為第一考量，游泳？萬一淹死怎麼辦？

不僅是游泳，我們總是不太願意去做過多冒險的事，這好像也無關乎是不是台灣人，而是人的本性。跑步看起來很累、跑步會不會傷膝？我們還沒做之前就先有這些念頭產生，陳偉殷曾說「人，如果只想到負面，就不會有正面的結果」這是句很棒的話。但我也跟多數人一樣，如果不是被迫報名了九公里路跑，沒有

真正穿起鞋來練，我也被那些跑步很糟的恐懼深深影響，是不會有正面的結果的。

什麼是正面的結果？

我大概是跑了幾次，開始能夠依目標完成功課之後，才深深了解它的優點。我引用一下〈跑步對健康的11項驚人好處〉這篇文章所提的，跑步的好處之一是「Runner's High是真實存在的，當你跑步時，大腦會分泌出兩大讓人愉悅無比的化學物質：腦內啡（Endorphins）與內源性大麻素（Endocannabinoids）。前者大家應該知道，是緩解疼痛感與壓力、帶來愉悅感的『幸福化學元素』；而後者你沒有看錯，在化學上內源性大麻素跟大麻沒什麼不同，它與吸食大麻的感受類似，它除了能降低焦慮與疼痛敏感度，也帶給跑者快感。」

究竟什麼是「腦內啡」？什麼又是「內源性大麻素」？真正知道的人可能沒幾個，但跑步完那一瞬間真的會讓人忘了剛有多苦、有多難，你會有種愉悅感，如果距離不斷拉長後，每跑完更有種無法取代的成就感。這就是為什麼那麼多人在跑全馬的過程，什麼三字經都罵得出來，不知自己為何花錢來受這種苦，對天發誓再也不跑了，但過了終點，隔天就再找有什麼比賽可以跑了。

跑著跑著，從此停不下來

很多人說跑步（或其他運動）可以紓壓，我是同意的。剛開始跑步時，我經營的運動媒體TSNA已成立了六、七年。講起成立這家網路運動媒體也是人生的一個意外，就像我當棒球球評一樣，我最早參與網路媒體是一九九九年的「好動網」，那時的負責人是之前在中華職棒聯盟認識的梁功斌，他成立運動網是為了之後當台灣有賽車比賽時要做直播之用，在二十年前網路尚未普及的年代，連3G都說不上時，能想到賽事直播，眼光實在放得很遠。

不過賽車場尚未建構完成前，沒有比賽，可是網站已架，總不能空空的什麼都沒有，需要有運動新聞內容去充實。因為我有媒體採訪及編輯經驗，梁功斌就找我去幫忙，老實說對於網路我也很陌生，不過上手很快就是，我盡量讓網站內容質、量及速度兼顧，還要有互動，能符合新興媒體的特色。可惜的是，梁功斌的台灣本土賽車場夢想，因主客觀因素未能實現，加上隔年全球網路泡沫，更是重擊好動網的經營，沒多久，發薪資成了很大的問題，員工陸續離開，拿不到錢的我本應也可以走人，絕對不會有人怪我，但我跟梁功斌說，不論你想撐到何時，如果真要把燈關上，那個人也會是我。沒多久，資金依然沒有到位，燈真的要熄了、門也要關了，我發了一封給所有讀者的公開信，宣布好動網走入歷史。

結束好動網，那時我以為從此就和網路工作絕緣了，沒想到第二天收到當時應算是台灣數一數二入口網站「蕃薯藤」負責人陳正然先生的mail，大意是說之前看好動網內容品質非常優、非常棒，他提出一個雙方合作的方案，主要就是把原本好動網產製的內容放在蕃薯藤平台。後來我常想，如果我沒有堅持幫梁功斌守到最後一刻而選擇跳船，還會不會收到陳正然的信？

收到信後我想想，好像也沒什麼損失，大家拆分所得的比例也吸引人，所以我就把原先的團隊找回，因為有很棒的平台加上很棒的編採團隊，兩者合作開啟了「蕃薯藤運動網」的輝煌時代。細數台灣網路運動媒體，「蕃薯藤運動網」絕對占有一席之地。但好景不常，蕃薯藤後來遇上yahoo的強力挑戰，加上轉換經營者，接手的人對運動這塊興趣缺缺，也讓我認真思考走自己路的想法。

其實我的主要工作是在電視台擔任棒球球評，收入讓我養家活口是沒問題的，會想創立運動媒體，單純就只是覺得手下這群少年仔跟了我這麼久，希望他們還有工作能做的責任。如果還有第二個原因的話就是不甘心，台灣有如此多人熱愛運動，還有優秀年輕人想從事相關工作，運動媒體真的做不起來嗎？

這回重新開始，我的想法及作法有點不太一樣，雖然是自己的運動平台和自己的品牌名稱TSNA，但比較像是運動新聞供稿中心的概念，由我們產製新聞提供給諸如yahoo、hinet、msn等入口網站，不再以網站廣告收入為主。雖然賺不到什麼大錢，但能保持一定的新聞品質、不受點閱率影響而做些嘩眾取寵的內容或標題，是我們很自豪的。

我沒有當過一天的職棒隊總教練，但在我三十餘年的棒球相關工作經驗裡，不論是中職、日職或美國大聯盟，我看到能脫穎而出拿下好成績的成功隊伍，常常戰力未必是最好的，卻擁有很強的團隊凝聚力，還有超棒的團隊氣氛。

如果公司是個職棒隊，我應該就是領頭的總教練，把公司氣氛弄好、建立高度的組織認同，我花了些時間在這上面。不少人到我們公司，不論是談合作案或單純只是來聊天打屁，十個有十個都說這是歡樂的團隊，有人甚至以大學社團來形容我們。這一套或許不適合所有公司，但至少在熱愛運動、年輕有朝氣的員工身上是很管用的。聽過心理博士許皓宜在演講中提到，過去傳統觀念是原本要我們小時侯什麼都玩的爸媽，卻在我們長大後要求專心念書不要再玩了，最後卻變成只是會念書什麼都做不好的人；但現在時代不同了，要從玩樂中找到興趣與專業，玩到深入最後成為專家型的通才。這種觀念推到組織的話，員工、管理階層、工作環境這三角關係，從中如果能創造出一個「玩」的氣氛，即能帶給團隊一個安全感，進而產生更大效益，我們公司似乎離她所說的不遠。從開始的三、五人到後來的十餘人，我們持續在進步、往上走，也建立一定的運動媒體品牌及聲量。而且從決定開始成立公司到最後無償交棒給年輕人，期間TSNA始終是收入大於支出，我很愛說這一點，因為這在運動媒體是很不容易的。

然而，就像是職棒球隊，選手每個人有不同的角色要扮演，只要做好自己工作就好，最後的結果、戰績是得總教練來扛。不少職棒總仔跟我說過同樣一句話，「贏球高興一晚就好，明天又重新開始」。每天都要重新面對不同的挑戰，當總教練的壓力可想而知，也無怪乎一幹上總教練半年不到，就一頭白髮冒出來。我不是總教練，但承擔的壓力也不會小到哪裡去，而且是那種每年非得把球隊帶進季後賽那種。球隊戰績不好、拿不到冠軍，總教練就下台走人，這只是個人的得失，但我如果失敗了，公司收了那就不止是我一個人而已，認真說，經營公司後我才真的了解什麼叫做「社會責任」，如果TSNA關門了，那至少有十幾個人失業，代表有十幾個家庭多了待業人口，每想到此就覺得自己責任重大，不努力不行。可是難就難在我是獨資的公司，每月開銷近五十萬起跳，每月、每年要找這一大筆（對我而言）的收入已經不是一個頭兩個大可以形容的。但就像一位好的總教練，場面再緊張，再有壓力，也要面無表情，裝做很酷的樣子坐在休息室，以免影響選手士氣跟著緊張，同樣的，即使我再有萬千重擔，每天進出公司還是得表現出一切風平浪靜、萬里無雲的美好景象，那怕是心裡早已驚濤駭浪。

每天要承受那麼大的壓力，有跑步習慣之前，我到底是如何紓壓的？應該是沒有，不然不會想不起來。

為了應付那9K，我開始練習跑步，從一公里跑不完到三公里，慢慢距離拉長，每一次也都可以把預定的目標達成，我當然立刻喝了那個讓我有動力的運動飲料，那舒暢感什麼都無可取代。題外話，二〇一七年我展開三十五天的徒步環島時，我設定每五公里要小休一下，如果正好休息那刻有便利商店，通常會進去買瓶運動飲料來喝，不誇張，那一口喝下真的是人間美味啊！已故日本名作家向田邦子說：「東西好不好吃就看你有多餓？」真是至理名言啊！

回到跑步，喝飲料自然痛快，但特別的是，每次跑完我就有種心情很愉悅的感覺，當時並不知道那叫做什麼，只知道這種感覺在以前打完一下午慢壘，躺在草皮休息時會有近似的fu，後來才知道這叫做Runner's High。應該是找到一個能紓壓的方式。

認識我的人都知道除了棒球外，我熱愛幾件事，畫畫、咖啡與snoopy。在《花生米》漫畫中曾出現一段對話，查理布朗問露西：「我有時覺得孤單無比、難以忍受，但有時又渴望一個人。」愛扮心理醫生的露西回答：「試著找到平衡吧！」然後很快接著說，「費用五美元，謝謝」。這段對話很能反應我們的真實人生，既要努力找到平衡但同時又要付帳單。所以應付生活各種帳單外，我能找到平衡點的就是跑步了。

至此，我更常在黃昏出現於河濱的步道上，雖然後來很搞笑，還記得那個幫我報台北馬的Mia嗎？臨賽前不久，同樣做完節目，她帶著一種剛把我煮好的咖啡整壺打破的表情跟我說：「呃！那個曾公，你那個台北馬沒有報成功，改幫你報3K。」像影帶重播，同樣畫面再來一次，播完一場棒球比賽已累到不想再講話的我，在聽了那句話之後立刻清醒。等等，報了3K組是什麼意思？我練了半天，說不定還有可能從頭跑到尾，現在是怎樣？但那只是心裡OS而已，「好吧！也只能這樣了。」我是這麼回的。

所以我的台北馬初體驗就是3K，說「體驗」還真名副其實，因為大家就是繞市府大樓跑，不少爸爸媽媽推著娃娃車跑（或說是移動）。照說我練了一段時間，雖然當時自以為的「練」，與後來準備二二六的「練」是天差地遠，著實也是很認真的在跑，有準備卻沒有舞台，應該是很幹才對。但沒有，看著這些爸爸媽媽推著嬰兒車前進的畫面，溫馨極了！心想，一個城市如果大家都能享受動起來的樂趣，是活力的象徵，更重要的是，我並沒有因為不用累得半死跑9k而慶幸。我應該是有找到跑步的一點點樂趣及好處，從此就停不下來。

有目標就會有想像，有想像就會想進步

那場沒有跑成的9K台北馬，ESPN同事揪團前去的人不少，有那個推我入坑的Mia、有媒體企畫部的Amber，還有主播田鴻魁等。這當中只有我是3K，所以我最早回到終點附近的餐廳。後來大家陸續到了，有人臉紅、有人氣喘，田鴻魁也到了，看到他把9K跑完，感覺起來還行有餘力，心中佩服不已。我們在那兒吃吃喝喝一頓之後就地解散，出了門口，只有我一個人向左轉，好像註定一般，只有我自此一直不停地跑、跑、跑。當然多年後田鴻魁也加入了練跑的行列，甚至都快成了職業級的，那是後話了。

從開始跑步到成為一位跑者，這過程是不是每個人都相似？應該沒有人量化這種統計吧！不過我和多數人應該差不多，是有個目的而開始，這開始的動機有人是想減重、有人減壓、有人想調節身心、有人被推坑，各種理由都有。

無論起始點為何，接下來劇情發展好像不會差太遠，先是跑出了好處，再跑出了

興趣，接著是思考自己會不會跑得更好？我的體育界前輩，曾是《民生報》記者及中華職棒祕書長的林將，有天我們在他花蓮的咖啡店聊天，當然三句不離運動，當時他說了句耐人尋味的話：「如果你喜歡一項運動，那就最好別參加比賽」。這句話我有點驚訝，與一般所認知的不太一樣。我自然問他為什麼？他解釋道：「假設你愛網球就去喜歡那揮拍來回的感覺，一旦有了比賽意識，你就一心只想贏對手，便失去了玩樂的本質。」林將一生愛體育，從事體育推廣，台灣第一本綜合性運動雜誌《運動世界》他是主要催生者，可能太愛體育了，最後還把名字改成「林體育」，這樣的大前輩說出如此的話，自然有他多年來從事運動的最深感觸。

話說之前提到，我在結束二〇一六之後，因為參加FOX體育台同事在南部的婚禮，順道到恆春渡假，住了家很棒的民宿，民宿主人極熱情好客，外表看起來就是練家子，非常精實，問他有沒有運動習慣，他說早上都習慣跑步（果然如此）。隔天，同行很熱愛跑步的田鴻魁找他一起跑，結果民宿主人的速度、距離，完全不落後給田鴻魁。重點來了，也算是跑步高手的這位民宿主人，可是一場正式的跑步比賽都沒有參與過啊！

在我們身邊也有不少很愛跑也很能跑的人，其實他們真的一場比賽也沒去過，很單純就是穿鞋出門跑步而已。那到底要不要參與比賽？何者比較好？我無法給大家明確的答案，我只能說說自己的例子。如果參加比賽，至少有個要追的目標，這一次9K，下一次是不是12K，再來是不是人生初半馬，如果能跑個半馬，那，那傳說中的全馬是不是就有可能了？

有了目標就會有想像，有想像就會想要進步，這是參加比賽的好處，是我的看法，也是我的經驗。

二〇一四年十二月二十一日，也就是一年多前，在我還不確定能不能跑完那九公里的台北馬之後，我完成了人生第一場全馬。之前，我參加了多少場跑步活動？FOX體育台所屬集團辦的「世界地球日」路跑是肯定要到場的，既能練跑又能兼公關，有「摸蜊仔兼洗褲」的效果。

一些小比賽也加減跑一下，記得第一場付費完成報名的路跑是在新店辦的「戀戀碧潭夜跑」，名稱記得很清楚，畢竟是生平第一場。我報的是12K，結果一趟跑下來成績是多少？12K我跑了快兩個小時，正式成績是一小時五十二分四十一秒。我媽如果還在世，她快走應該都還比我快。只記得那次是繞著碧潭一直往前，感覺永遠跑不完似的，最後兩、三公里是走回去的。特別把成績說出來是要告訴大家，你看看我，一個開始12K都要用走的人，只要持續下去，有天是能完成二二六的。

我很愛一句話：「怎麼開始不重要，重要是怎麼結束」，在棒球界，有人拿這句話去激勵那些選秀順位很後面，也許是好幾輪又好幾輪才加入職棒的球員，簽約金也少得可憐，跟那前三輪進去的選手根本沒得比，但怎麼開始不重要，重要的是努力拚上大聯盟，更何況選秀首輪最後沒上大聯盟的大有人在。所以怎麼開始不重要，重要的是怎麼結束，最典型的例子是歐提茲（David Ortiz）與李維拉（Mariano Rivera）。

歐提茲被視為本世紀最佳DH（投手指定打擊）的代表性球員，一九九二年以自由球員的身分加入水手隊，一九九六年被交易到雙城隊，但到了二〇〇二年胖胖的歐提茲卻被雙城釋出，那時他覺得世界末日已經到了。然而就在他了無生趣之時，同鄉好友馬丁尼茲（Pedro Martínez）介紹歐提茲到紅襪隊，他在二〇〇三年加入紅襪後打擊大進化，與馬丁尼茲聯手在二〇〇四年一起幫助紅襪隊，先在美聯冠軍戰大逆轉洋基，後來又橫掃紅雀隊拿下世界大賽冠軍，終結長達八十六年的貝比魯斯魔咒。歐提茲在紅襪隊期間共幫助球隊奪得三次世界大賽冠軍，成為波士頓家喻戶曉的大球星。

李維拉生涯拿下六百五十二次救援成功，季後賽四十二次救援，都是大聯盟第一，李維拉進入名人堂更是史無前例的全票通過，其偉大可見一斑。然而這位如神一般的終結者，當初卻是以二千五百美元（約七萬七千台幣）的極低簽約金加盟洋基隊。一開始他還是先發投手，好不容易上了大聯盟卻被打得很慘，當他被丟回小聯盟之後，以為自己這輩子再也回不去了。不過最後卻以一顆無人能及的卡特球，成為史上最偉大的球員之一，一位失敗的先發投手卻是位偉大的終結者。

怎麼開始不重要，重要的是怎麼結束，球員如此，球隊也是一樣。二〇一九年世界大賽冠軍由華盛頓國民隊拿下，知道嗎？一個數字顯示他們得到這個第一有多不容易，那個數字是在五月二十五日當天，統計數據顯示他們贏下國聯冠軍的機率是〇·一%。〇·一%其實就是只有數字意義而已，講白話就是要拿國聯冠軍根本是作夢。也的確是如此，當時這支隊伍有傷兵，有主力選手低潮，有各種不利的狀態，分區排名落後第一的距離像月球那般遙遠，難怪被看衰小，被估算只有〇·一%的可能。但最後他們卻一路往前衝，那〇．一％的機率他們不僅辦到了，更在世界大賽擊敗太空人隊贏得冠軍。

另一支隊伍是二〇二〇年中華職棒年度總冠軍的統一獅隊，當時職棒只有四隊，要得第一機會比美國高很多，但如果在二〇二〇年球季初，你預測總冠軍是由台南這支隊伍拿下，我相當懷疑你是乩童。一支這幾年從來不被看好的球隊，加上總教練新手上路，怎麼看都不可能，最後他們卻在冠軍賽落後三場之下，硬是大逆轉奪勝。

12K跑了快兩個小時的我，如果當時有人說有天我會完成二二六，我覺得他應該就是瘋了吧！就像二〇一九年五月二十五日對國民隊球員說，十月底你們會是世界大賽冠軍一般，沒有人會相信的。

但是，沒有不可能！

有人問我，當你回到二二六終點時有沒有哭？我以為我會。事實上準備二二六之前，我和主播田鴻魁一起播報大聯盟的比賽，廣告時間閒聊時，我跟他說完賽那刻我一定會哭，結果沒有。我牽著太太的手回到終點，我的情緒只有累加喜悅，還有一點悔恨，悔恨的是和自己預期的成績有落差。當你練到某種程度之後，你就會很在意成績，即使是二二六。要說的是，那麼多場比賽，唯一讓我想哭出來的反而是第一場半馬，人生第一場半馬，同樣是台北馬。

台北半馬全程總長是二一．〇九七五公里，但沒有人會計較後面的小數，概以21K來稱。我記得那天早上起床時台北下著大雨，前一晚睡得極差。後來每次跑馬我好像也都睡不太好，第一場比賽更是如此，翻來覆去不知幾點才入睡，起床就聽到雨聲。冬季的雨，應該是躲被窩的天氣，卻也是拿來考驗決心的一刻，我對著窗外說「我一定要跑完！」。決心真的是頗重要的一件事，另一件決心之事是二二六前的備戰課表。隨著比賽日期愈近，教練開的課表就愈重，有天的課表是一百二十公里的自行車加四十五分鐘的轉換跑，那天出門前也是雨絲不斷，十月氣溫開始低了。出門前我想好好吃頓早餐，因為下一餐不知在何時，我在廚房想煎個蛋，結果一不小心油噴了出來，當場左手燙傷，我趕緊用冷水沖了再沖，但疼痛感依然在。即使如此，我沒有選擇在家休息，一心要把當天的課表完成，沒有人、沒有任何事能阻擋我。

我決心要完成人生第一場半馬，但從市政府出發直線往仁愛路前進，雨勢沒有變小反而加劇，前三公里就開始喘了，過了中山北路也還是如此，這時開始有負情緒，懷疑自己能不能跑完，但還是那聲「我一定要跑完」提醒自己。雖然下著雨，路邊仍有不少的跑團與志工在加油著，我是第一次看到所以很感動，心想如果是好天氣會不會人更多？那些加油聲真的讓我增加不少動力。

每次跑馬或三鐵競賽，對於路邊那些補給站的工作人員或志工，我都心存感激，他們一聲聲加油都讓我的腳步變輕了不少。跑二二六在進入活水湖公園時，大概五公里左右就聽到遠方有小女生的尖叫聲，聲音中夾雜著「加油、加油」，等我慢慢跑近，在夜色中她們站在棚下，依著微弱的燈光，我看著她們一張張稚氣的臉，卻是熱情洋溢，她們不斷高叫加油加油，如果你在現場，絕對可以感受她們來自內心的真誠聲音，很令人感動，那一刻真覺得台灣年輕人很棒。然後，我拿著她們給的補給品也藉機休息一下，問她們來自哪個學校，還稱讚她們根本就是「台東之光」。她們也七嘴八舌地回「你才厲害……」，實在是太熱情了。那段路必須來回兩趟，所以去程及回程都會遇上她們，等我往前跑完再回頭，雖然是對面的方向，但在不到二十公尺的距離，我對著她們的方向大叫「我要聽到妳們的尖叫聲！」搞得像演唱會歌手對著台下的歌迷大喊，她們也極配合地大吼大叫，那聲聲劃破森林公園的夜空，成為二〇二〇年我耳中的天籟之音。

路邊補給站及志工不僅幫忙補充身心食糧，後來我還用來當作疲憊時分散注意力的好地方，總之，看到人就瞎聊兩句，真的很有用。忘記跑哪場馬了，經過補給站，志工熱心問我「需要點什麼？」我直接回答「摩托車」，她一聽之後先呆了一下，然後笑出聲來，旁邊的人也都跟著大笑，那一刻我讓人愉悅，本身也忘記疲累。希望自己未來也能在跑道附近幫點忙，「助人為快樂之本」在這個工作中完全體現了。

回到首場半馬賽。出了河濱到了基隆路，看看手中的運動錶時間，我知道自己有機會完成半馬賽了，繞回往市府的終點站，看著最後那大大的拱門，真的快哭出來，曾幾何時，我這個三公里都跑不完的人竟然能完成半馬，真的感動到快哭了。

別被年齡限制你的想像

雖然五十好幾了，但是「贏過昨天的自己、比之前的我更好」是我想辦到的，又回到年齡的話題了。

近年來常聽到的一句話是「別讓貧窮限制你的想像」，是說別以為有錢人買幾萬元的內衣會拿去洗，百萬名鑽戴在手上會影響做家事，家裡有佣人她幹麼做家事？高跟鞋不是拿來走路的，是拿來站紅地毯等。後來這句話也延伸出其它涵義。那麼同樣句型也可以改成「別讓年齡限制你的想像」。有一次與球評耿伯軒做節目，是光芒對上道奇的世界大賽，該場比賽光芒隊派出的是「老」投手查理．莫頓（Charlie Morton）。我和耿伯軒會聊到他，是因為莫頓已經三十七歲了，照說應該差不多要離開大聯盟賽場，不然也是退化得很嚴重了。二〇一七年莫頓在美聯冠軍戰及世界大賽第七戰都拿下勝投，合計九局只被擊出四安打、失一分，幫助太空人奪冠。我們轉播這一年莫頓在光芒隊爭冠路上，他又在美聯冠軍賽第七戰先發五又三分之二局，只被擊出二安打無失分，奪下勝投，是大聯盟季後賽史上，在系列賽第七戰，甚至所有贏球晉級輪球淘汰的比賽中，拿下最多勝的投手。

我和耿伯軒一邊在賽前準備資料一邊聊著他。外號「耿胖」的耿伯軒是前旅美投手，投球是他的專業，耿胖以他的角度看這件事，說莫頓之所以能這麼強，除了投球策略的改變之外，他還有一顆想要變強的心。先提投球策略改變，二〇〇二年莫頓以第三輪頗高的順位被勇士隊挑走，在小聯盟蹲了五年後終於上到大聯盟。不過隔年的二〇〇九年，勇士隊將他交易到國家聯盟中區的海盜隊，他待了不算短的七年時間。其間海盜隊希望莫頓多投些二縫線球，以製造滾地球讓打者出局，此舉看來效果不錯，他的確讓打者擊出不少滾地球，成為一位滾地球投手，也曾在單季拿下兩位數的勝投。

不過二〇一四年，莫頓到了而立之年，威力似乎開始退化，一整年下來的勝率僅過三成而已。二〇一六年海盜隊就把他丟去費城人隊，慘的是他到了新東家只拿一勝就腿部開刀，整個球季掛傷兵，年齡加傷勢，很典型的不再看到這名字出現在大聯盟名單的前奏。

神奇的是有人看到莫頓還有將來，即使他已年過三十了。看出他優點的是太空人隊。《MVP製造機》這本書上提到了這段故事：當二〇一六年太空人隊以二年一千四百萬美元的合約簽下莫頓，有記者在推特發文，認為太空人這個合約是自由市場最瘋狂的舉動，真的太扯了。因為莫頓是個在退化的投手，而且傷病史又非常豐富，怎麼會給這麼多錢？一年後，莫頓卻在世界大賽第七戰幫助球隊擊敗道奇，有趣的是，同一位記者老兄識時務地說：「太空人在季前簽莫頓，是非常明智的決定」。

依書中描述，莫頓能變身是因為太空人隊希望他捨棄原先的二縫線快速球而改成四縫線，另外增加投曲球的比例，這一改變使得莫頓讓打者的揮空率增加不少，而升級成為頂尖的投手之一。在太空人隊兩年合約結束，那個曾被視為太扯的合約，這時已不再有人這麼看了，很少花大錢的小市場球隊光芒，也以兩年合約簽下他，但這次總值漲了近一倍，來到了三千萬美元。到了二〇二〇年底已經三十七歲的莫頓，還是沒有人認為他太老，勇士隊用了差不多年薪四億三千萬台幣的合約將他納入陣中，等於莫頓又回到了職業生涯的起始母隊。

莫頓如此成功，就技術層面來看，關鍵就在於太空人隊那兩年的改造，捨棄原先的二縫線快速球。但耿伯軒以投手的角度來看，認為重點在於有沒有想要變得更強的心。耿胖說，以前投手到了一定的年紀就自己認為球速上不去了，頂多大概就九十一、九十二英里（約一四七公里）很了不起了，因此不會想要更快，只求安安穩穩的保持下去。但莫頓顯然不是如此，雖然過了三十歲，而且是三十好幾，莫頓仍然想要變得更強更好，所以能在投球技術上進步，尤其是球速。所以心態是決定莫頓從一位被認定淘汰邊緣，卻轉身到頂尖投手之林的重要因素。

提了莫頓的故事，再回頭看我自己，別被年齡限制你的想像，限制你逐夢，也是我的心得。

在《前面有什麼？》這本書中讀到一句話：「只有孩子能認真對待夢，站在同樣地方只有孩子被神賦予這種能力。」的確，我們小時候做過各式各樣的夢，不論後來有沒有成真。我們都有過夢想，為什麼後來都沒有了？不是被神拿走了，是我們自己讓它消失了。也許是一種名為「現實」的東西讓它消失了。年輕的我們都夢想擁有全世界，等到長大離開校園，才驚覺擁有二十坪房子就要搞掉一輩子；或者是更早之時，發現聖誕老人給的禮物其實是半夜爸媽所放的時候，便覺得這個世界很多事情都是騙人的。

然而現實也好，神話破滅也好，這不代表你沒有逐夢的權利，不論你幾歲。

或許我比一般人更早面對所謂的「現實」。十八歲高中畢業我沒有立刻上大學，而是開始工作，雖然薪水不多，但就是要想辦法養活自己還有媽媽。那時月初一拿到薪水就原封不動交給媽媽。老媽說一部分要拿去跟會，這一點我真的打從心底佩服，沒念過幾天書的媽媽，對數字卻很有一套，總是有辦法不斷跟會，轉來轉去變出錢來。高中畢業一直工作沒有停過，即使到大學還是在賺錢，人說「半工半讀」，我是澈底的實踐者，先工再讀，工永遠在讀之前，也記不清有多少日子，是被同學在下課時搖醒的。很對不起老師，但總算能把媽媽餵飽也順利走完大學階段。

甚至在金門當兵那兩年，也是想盡辦法拿錢回家，很神奇吧？那時部隊都會發菸給阿兵哥（不知現在有沒有），我是菸酒不沾的人，所以七早八早就有同袍先跟我預訂菸，因為國防部給的菸比外頭買的便宜上好幾倍，所以等上頭把菸發放下來時，就一手交錢一手交貨，不多但好歹也是一點錢。加上人在金門根本沒什麼機會花費，最大的休閒是看電影，一部電影才八塊錢，買水果還比它貴，所以每個月一千多的薪水加「外快」是花不完的，花不完就把它寄回家。後來部隊有人知道這件事，就說金防部應該要表揚我，當兵大家都跟家人要錢，我卻還有剩餘給家裡，我可能是全金門號稱十萬大軍當中，少數能寄錢回家的人。

講這話是誇張了。沒人逼我這麼做，原因只不過是提早面對「現實」的人生而已，單親加獨子，我不幹、不想辦法、坐在家裡哭，錢也不會掉下來，就是責任罷了。但這個責任也常讓我感到喘不過氣來，回憶起自己打從高中起沒有做過什麼夢，就是不停的工作、工作再工作。或許是老天疼惜我吧！近三十歲時讓我找到一個全世界最棒的職業，一腳跨進了棒球的領域。

接下來的故事，就是除了棒球還是棒球了。

我常對著家裡窗外的棒球場看，即使是業餘的乙組比賽，我同樣看得津津有味，我肯定是極愛棒球這個運動，能進這行真是老天獨厚。不止一次對友人說我是不買樂透的，都給我這麼棒的工作了，如果還買樂透被我中了，那還有什麼天理？但除了讓家人衣食無慮，生活上除了棒球還是棒球，這在外人看來是不是也很「怪」？我不知道。十多年前有機會和郭泰源合著一本投球的書，有天聊著聊著，郭泰源問我平常休閒是什麼。我說都沒有，除了工作在看球之外，平常也在看球。他聽完半開玩笑說「你要不要去死了算了！」但我也不以為意，因為數年前的我的確是「無趣」得很，可能就因為能賺錢又能做喜歡的事已經很棒了，就不會再多想其他的了。

不過我在職棒聯盟服務期間卻認識了一個很有夢的人，「董事長樂團」的貝斯手林大鈞。那些年在職棒聯盟工作的，沒有人不愛棒球。而大鈞不僅愛棒球，也懂設計，他是球員卡的設計師。那時身為《職棒雜誌》採訪組長的我，遇到截稿期常要加班，所以和同一辦公室也在趕工的大鈞常有機會聊兩句。這傢伙真的很喜歡棒球，就一直拉著我討論變化球要怎麼丟。第一次發現大鈞有歌喉是在公司的尾牙，他很即興地隨手拿起身邊的掃把，就假裝是吉他唱起來了，雖然他自己工作的小房間常擺把吉他，但同事間真有聽他唱過的沒幾人，所以大鈞一開嗓真有點技驚四座之感。

多年後，皆已經離開中華職棒的大鈞與我在永和巧遇，他身著棒球服坐在餐廳中，原來是剛打完球不久，寒暄兩句後，大鈞說他的樂團要出唱片了，眉宇間展露的喜形於色很難忘。我自然先說「恭喜」，接著問「那你們團名叫什麼？」大鈞說「董事長樂團」。聽到這名字我心想這是什麼鬼團名，是唬爛我的吧？不久之後他們真的把唱片出了。大鈞等這張唱片、完成這個夢想，可是花了很長的時間，但是他不曾放棄。

大鈞告訴我，十幾歲他就對音樂很有興趣，但那時可不像現今自媒體如此之多，三十年前玩音樂不能當飯吃，是大家都知道的，不過大鈞還是有夢，希望有天能組團、能出唱片，雖然他在廣告公司、後在職棒聯盟工作，收入一直很穩定，依舊盼望那天的到來。後來他結識了目前董事長樂團的成員，那種圓夢的感覺來臨了。成軍後的樂團慢慢在各pub表演，有別於其他唱口水歌的團，他們堅持自行創作、唱自己的歌；他們想當音樂這領域的「頭家」，要做自己的主人，所以才把團名取為「董事長」，這是我後來才了解的事，也對這個團名多了份尊敬。

三十歲那年，一直在pub兼差表演的董事長樂團終於被注意到了，有唱片公司找他們發片。這一天等了好久，總算到來之時大鈞反而猶豫了，畢竟三十歲了，要不要顧一下工作？顧一下家庭及將來？但反過來說放過這一次機會以後可能就沒了。最終一直以來的夢想戰勝一切，大鈞與團員放下一切，出了人生的第一張唱片，也正式成為以音樂維生的人。

人因夢想而偉大，這不是空話，至少在大鈞身上是如此，出一張唱片是圓夢的話，接下來他們的發展可能成為後續立志走音樂路的人的典範。二〇〇〇年董事長樂團發行第一張專輯之後，至今已發行十三張專輯，是台灣發行量最多的樂團。從第三張到第十三張專輯，每張都入圍金曲獎，獲得兩次年度最佳樂團、一次年度最佳台語專輯獎；金音創作獎年度最佳搖滾專輯、最佳現場演出獎；六次中華音樂人協會年度十大專輯、一次年度十大單曲；華人金曲獎年度最佳閩南語專輯、年度最佳搖滾樂團、年度最佳搖滾藝人等。第十二張專輯《祭》入圍美國葛萊美獎、美國獨立音樂獎最佳封面設計，也是台灣第一個參加葛萊美獎盛會的樂團，二〇一一年在紐約大都會球場舉辦台灣之夜，由李安導演擔任開球嘉賓，「董事長」現場演出〈眾神護台灣〉，是台灣第一支在MLB球場演出的樂團。

沒棒球看就吃不下飯的大鈞，能在MLB球場演出，對他而言應該是死也甘願的事，更何況還拿過這麼多音樂大獎。這些獎項的豐功偉績，網路上資料很好查，但對我來說就不僅是文字或數據可以描繪。曾經我眼前的平凡上班族，因為他想成為音樂人的夢一直沒斷，也才有後來的可能。就因為與大鈞相識，所以文字讀起來不再冰冷，我知道一個很現實的是，二〇〇〇年他們發完首張唱片或許就沒了，成為眾多一片歌手（樂團）之一，但如果你不試就真的什麼都沒有了，然後在人生走向終點站時，再悔恨當年沒有如何如何。

「努力不一定有好結果，但不努力就什麼都沒有」，陳金鋒這句話我們都要記起來。

全馬，我的大聯盟

我是不是開始跑步之後，就變成一個有目標可追尋的人，是一個還有「夢」可追的人，現在回想起來似乎是的。完成半馬之後，我應該就像耿伯軒說的，不是那個傳統投手，球速保持住就好、平安是福。我沒有去想自己都是五十幾歲的人，能跑半馬很了不起了、可以說嘴了，反而去計劃有沒有下一步的可能。下一步自然就是全馬，當時還自以為是的告訴自己，跑半馬只是小聯盟階段，能完成全馬就是大聯盟了，呵！

長久從事棒球推展的經驗告訴我，任何運動都一樣，沒有好的賽前備戰，要想達到一定的目標好比像是在熱水中取冰塊一樣的困難。但要如何準備第一場全馬賽，我其實沒有太多概念及想法，反而是很錯誤的認為，如果能跑半馬，那我就想辦法再「湊」另外一個半馬就好了，這是一個很離譜的觀念，當你真正踏上跑道，等著你的四十二公里，絕不是二十一加二十一這種數學算式。如果是開車，那是ＯＫ的，問題是你是用雙腳在跑。

有這麼一句話「盡信書不如無書」，但我覺得有些跑步書籍或網路上的分享文還是很值得參考的，所以備戰全馬，一開始就照書還有參考一些文章來練。跑步書籍多數都很實用，你應該很難看到書名為《十天速成馬拉松》這種的。它們很務實地跟你說如何從輕鬆跑、設定每週目標的跑步距離開始；有些書甚至還從你要如何走路，正確踏出每一步教起。輕鬆跑之後就是配速跑，設定你每一公里要跑的速度，除了可以訓練穩定速度之外，還可以模擬比賽。接著就練些間歇跑，像四百、六百公尺不等的衝刺，藉以突破自己的速度。另外還要加強肌力，因為當你不斷的跑，肌肉就會承受更大的壓力，肌力趕不上速度就容易受傷，所以要加入一些肌力訓練。雖然聽過有人是不練重訓，光是以不斷跑不斷跑的練跑量來強化自己，但我個人認為肌力訓練還是很重要的，好比投手就一直練投、一直練投，聽起來好像沒什麼問題，但稍懂棒球的人都懂，手臂是消耗品，這麼操早晚手就會廢掉。同樣的，我們是用腳在比賽，只靠腳不斷練也是早晚會出問題的。

不管花錢買書或上網看資料，差不多就是依這樣的建議方式來訓練初馬選手，面對即將到來的馬拉松挑戰。當然網路上也有些不同派別的訓練，都有它們的支持理論，不過重點還在於不論你聽哪一種、相信哪一種，就是得要持續的練習。這一點不管你是武當還是少林，哪個門派都一樣。看完書就能跑全馬，天下沒有這種事。

我差不多就是照著這樣的訓練模式在進行著，連書中建議的跑坡、跑不平整的丘陵地都照單全收。那時我的時間其實很有限，公司業務加球評工作，多出的空檔還得分給寫書及發表文章，即使如此，還是利用有限空檔練跑，當時每週跑量大概在三十公里，有時甚至不到，現在回想這個量其實是不夠的，或許就是那「二十一加二十一」的觀念左右，這也就是為什麼三十公里後跑得很厭世的主因。不過這段訓練過程雖然稍顯不足，但從那時到後來準備二二六都一樣，太太一直陪在旁邊，假日長距離跑足二十公里以上，她就在後頭騎車一路相陪，成為我最好的陪練員。

我得人生初馬那天是二〇一四年十二月二十一日，前一次半馬的惡劣天候讓我很擔心跑全馬也是如此，好佳哉天氣是OK的。臨出發在市政府廣場前，FOX體育台的幾個主播都到了，鄧國雄、陳亞理、常富寧、田鴻魁等，這個陣仗很像FOX體育台接下來要轉播這場馬拉松賽事，其實不是，大家都是來跑馬的。但唯獨我是全馬，出發前大家一起幫我這唯一全馬的跑者加油，他們嘴裡喊著加油，不過眾人的表情比較像送行者。

跑過各種馬的人都知道，出發那一刻真的有那種「是不是全台灣人都擠在這裡」的感覺，尤其是台北馬。在沒有分區規劃跑者位置之前更是如此，臨起跑前是動也動不了，直到槍響十分鐘後才能微速出發。不過，對我好像差別不大，對我這種除了慢還是慢的跑者而言，反正也快不起來。

跑台北馬你一定能見到一座建築物——圓山飯店。早年圓山飯店算是台北很重要的地標，但我兒子在很小的時侯，每次見到都雙手合十朝著它猛拜，小小孩一直以為它是廟宇。多年之後，每回經過圓山飯店，不管開車或搭捷運，偶爾還是會想起幾年前自己的初馬，因為從仁愛路轉中山北路進河堤之後，這古色古香的建築物就不斷出現在視線中，從內湖一路往前進、看著圓山飯店在很遠、很遠的一小點，直到它放大在你身前。接著，往前不斷不斷跑動後，它會出現在你身後，等繞完一圈它又出現在左側。接著是畫面重播般，看著圓山飯店在很遠、很遠的一小點，直到放大在眼前。那種感覺像無止無境地繞這該死的房子跑。我因為沒有全馬經驗，也從未在大直、內湖這帶的河堤訓練過，第一次來這裡就是這麼長距離，很有鬼打牆的感覺。

全馬是四十二公里，但它絕不是二十一公里加另外一個二十一公里，我要再說一次，因為真正決勝關鍵是過了三十公里體力下滑之後。忘了是在哪個podcast節目聽到的，來賓是一位跑馬好手，他形容一場全馬好比人生，前二十公里似年輕氣盛，一

直衝一直衝什麼都不怕；到了三十公里如同中年過後，一直深覺在原地打轉，一步都前進不了。這個形容很棒很貼切，當你跑台北馬過了三十公里，眼前看到的，除了河堤之外還是河堤，好像處於「中年危機」，人生一直沒有在動時，你真的會很想停下來。

如果跑馬像人生，那麼現在人生路上「三十公里」的你，能做的就是期勉自己只要腳步不停下來，一定會向前移動的，風景其實有在後退中。而當時在真實的三十公里跑馬路上的我，除了告訴自己「我一定要跑完」的堅持意念之外，好像沒有任何對抗的辦法。訓練不足只能靠心志來撐了，只是我沒想到除了要對抗自己那雙跑不太動的雙腳之外，還要對抗「外在誘惑」。

好不容易跑完那無止境的河堤，離關門的時間也愈來愈近，僅剩一點餘力的我希望還能跑得起來，但準備出水門口時，卻聽到不知是工作人員還是裁判說「跑不動可以上車喔！旁邊有車可以坐」，我簡直不敢相信自己的耳朵，會在這時出現的跑者通常都已經身心俱疲，不論是什麼身分的工作人員，應該做的是鼓勵大家堅持，哪有叫人快放棄的。之前我說過很感謝路邊的志工及服務人員，但這位沒有設法救溺，還把別人頭往水裡壓的人，實在是瞎到爆。

然而我還是撐了下去，應該是沒有任何人事物可以擋住我。直線跑在基隆路上，終點不到一公里的距離，我應該是以一種逃離火災現場的速度前進著，深怕真的就這樣功虧一簣。在途中我看到有人在前方跌倒，我卻沒有拉他一把，直到今天都還有點後悔；雖然後來我才知道大會競賽規則是不能攙扶跑者，但沒有助人一臂之力就覺得是很糟的行為，所以常回想起那一幕，我應該拉他起來的，可是當時我太想完賽了，於是很自私的往前衝，最後，總算是通過那全台最美的拱門，時間是五小時二十一分三十七秒，迎接我的是最愛的太太淑華及女兒。

東京、平壤，跑步才看得到的風景

台北馬之後，我陸續跑了幾場全馬，不算是跑得很勤的人，就找些有特色的馬拉松去報名，其中比較值得一提的是東京馬，還有北韓平壤馬。

很慶幸自己在武漢肺炎疫情發生之前就去了這兩個地方，這也告訴我們做事都要即時的道理，你永遠無法預期未來會如何。到東京跑馬拉松似乎是每個跑者的夢想之一，我不曾想過去挑戰什麼「世界六大馬」的，但東京就在台灣不遠處，加上之前FOX體育台同事Allen跟我提過去東京跑的經驗，那氣氛之棒說得我心癢癢的，於是立下前往東京的心願。

有想法就要行動。不過東京馬並非想去就能去，要抽完籤才知道是不是有那個命，雖然中籤的機率不像大聯盟季後賽那麼難，但也不太容易。我的計畫是在二〇一四年底完成台北馬，接著一個月後再跑東京馬，把時間拉近一點就不用備戰兩次，是很單純的想法。所以為了能成行就找了代辦的旅行社處理，以當時而言，費用多了些但合理，聽說現在貴得嚇人。

以前因為採訪日本職棒總冠軍賽，去過東京數次，這個地方對我來說也算是熟門熟路，不過因為跑馬拉松之故，卻讓我看到不同的面貌。我看到的是一座偉大的城市，對於熱愛跑步的人而言確實如此。

旅行社安排的飯店附近有座公園，從抵達那天到離開，就不斷看到有人在那公園繞圈圈跑。這還不算厲害的，據說東京最熱門的跑點是皇居外的跑道，不論天候如何，每天平均有近四、五千人在那裡跑步；因為時間關係我沒有去朝聖，這個數字我想是可信的。

以前是去看棒球所以感觸不深，這回專程去跑步就特別注意到，到處都有人在跑步。日本人為什麼這麼愛跑步？是不是這項運動最符合日本人的精神，它需要很強的忍耐力，需要很高的意志力去堅持到底，完全就是印象中日本人那種「不放棄、朝目標前進」的精神。難免還是想到棒球，我們常在國際賽碰到日本隊，兩個國家技術上存在落差是事實，但短期比賽也並非沒有贏的機會，可是我們常在最後被逆轉，像是二〇一六年WBC那場經典的台日大戰，原因就出在日方總能堅持到最後，等待反撲的機會。

跑步可以訓練毅力，所以日本從幼稚園的小朋友就要求開始跑，二〇一六年還發生頗具爭議的「兒童裸體馬拉松」事件，雖然家長受訪說看著孩子赤身跑步很心疼，但這是訓練他們心志的最好方法。我個人很反對把小朋友搞成這樣，不過從中可看出，從小開始跑步，對日人而言就是全民運動。

愛跑步，所以有「箱根驛傳」這個傳統路跑競賽就不意外了。從一九二〇年開始的這項比賽，是在東京與箱根間來回共二一七．一公里，用兩天的時間跑完。雖然是僅限關東地區二十所大學校隊才能參加的接力賽，看起來只像是地區賽會，但因為每年各校選手必定經過一番廝殺從選拔賽勝出，才能進入這個最高殿堂與各路好手一較高下，所以每年吸引了全日本的目光，包括大陣仗的媒體報導及電視轉播，受歡迎的跑者也如明星一般受矚目。如果你讀過《強風吹拂》這本書，或是其改編的動漫，應該會對這項賽會留下極深的印象。

這樣的背景下，日本人辦馬拉松是很令人期待的。首先，你會看到的是日本人那種事情要辦到一百分、每項細節都要顧到的「潔癖」。從報到處的馬拉松博覽會，到比賽當天都是如此。簡單舉例，志工是以衣服顏色來區分任務，所以很清楚的知道哪些人是負責哪些事；還有，任何比賽在跑道上隨處可見跑者丟棄的飲料、水杯或補給品，髒亂是可以理解的，但東京馬就硬是可以做到跑步的賽道乾淨整齊，因為隨時就有人拿著用具在清理。這種極乾淨的賽道除了東京馬之外，我只在平壤馬看過，不過我猜應該是沒人敢亂丟吧？然而東京馬能做到如此，重點還是那個幫跑者服務的心，當你通過終點，志工幫忙把完賽獎章掛在你脖子上的時候，他是真的替你感到高興的，這個你很容易感受出來。還有路上遞水杯的動作，或是那聲聲加油都是如此。

認真講，四十二公里的東京馬跑道上，最美的風景來自於人。當有人想用東京馬去破個人PB（Personal best個人最佳成績）時，我都勸他可以改其他場次，跑東京馬是去「享受」的，要用多少速度跑完反而是其次，應該要利用這幾個小時，在移動的過程中去感受這個城市的「偉

大」，感受他們對跑者的尊重、對跑者的支持。沿途你會看到各種表演團體，有日本傳統舞蹈、有樂器演奏，而且不是胡亂吹奏一番。印象最深的是接近終點前，差不多還有三公里，正遇上一個陸橋的坡道，此時多數人已然氣力放盡，沒體力又遇到上坡，是對身心很大挑戰，但不久卻聽到電影《洛基》的主題曲在耳邊響起，聽到這聲音，你似乎可以化身為快步衝上費城美術館前階梯，然後高舉雙手的洛基，這聲音一來比吃什麼能量包都有效，立刻精神百倍。所以我說，他們不是胡亂吹奏，了解到他們身處在什麼位置，跑者會是什麼樣的狀況，然後，該表演什麼歌曲鼓舞大家。

還有各種私人補給站，各式點心齊出爐，眼花撩亂四字都不足以形容我的感受，好希望每攤都嚐一口啊！當時雖然三一一大地震已經過了三、四年，但台灣是全世界助日金額最多的國家，這一點他們都記得也感念，台日友好也能從跑道上感受到。當路邊加油的日本人看到我身上的貼紙，一知道你是台灣來的，他們恨不得將桌上的食物都塞進你嘴裡；儘管語言不通，但頻頻對你比讚的手勢也說明一切。有不少日本民眾知道這個賽會會有很多參賽者來自台灣，他們在路邊做了不少「台灣加油」的海報，非常感人。

數不清攜家帶眷來加油的人們，是全程最大的特色。也許我們這些跑者不是他們心目中的英雄，但至少是值得尊敬的人。所以他們想盡辦法全家出動要擠在路邊加油，如果有家人「不能來」，像我在路邊就看到有一幕，某戶人家就把家裡可能是媽媽或阿嬤的遺像立在桌上，我想她生前應該是熱愛跑步的女士吧！雖然她已經離開，家人還是「帶著她」一起在路邊望著跑者們、替我們加油。所以，我經過時朝著遺像雙手合十拜了一拜，那家人也對我回禮。希望另一個世界的阿嬤一切都好，也一直都在跑步。

如果不是跑步我不會看到這些。

東京之外，平壤則是另一面天空。

首先，很認真說如果北韓領導人想對哪個國家發射飛彈，絕對是可能的，在我去過北韓之後，我完全不懷疑。

會想去北韓跑馬，是有人說那個比賽的正式名稱是「國際萬景臺獎馬拉松賽」，最大特色是有五萬多平壤民眾齊聲幫你加油，所以我就上網看了些資料，還真有照片顯示有五萬多人加油，看起來不是合成的，所以很想恭逢其盛，加上也沒什麼機會到那個神祕國度，就找代辦的旅行社上路了，我想看看真相是如何。

要進入北韓或許有不同的方式，而我們是從中國的瀋陽往南飛，此生第一次在飛機上完整地看完空姐安全示範動作，高麗航空空服員完美詮釋什麼是「高顏值」，如果說她們是精挑細選下的成品，我是一點都不懷疑。但進入高麗航空似乎也代表進入了北韓的管轄，「不准拍照！」，完全不知道為什麼特別挑了這麼美的女生，卻不准拍，不過我身邊同行的夥伴硬是偷拍了幾張就是了。

飛行一個小時即將落地前，好奇地望向窗外，舉目所及一片黃沙、冬季枯樹，像極了一九八〇年我登陸金門時，那種貧瘠的第一眼印象，差別在於那一年我是從海路而上。入關氣氛有點緊繃，應該嘻笑愉悅的各國旅客竟也自動地寂靜無聲起來，空氣中瀰漫著不安。頭頂著大盤帽的北韓軍官A

一臉嚴肅地要求我們交出手機。B軍官用生硬的中文逐一問「有沒有帶書？」，想要查查有沒有違禁書帶入境，很想問我帶的是電子書算不算？但我沒問出口免得惹禍上身。軍官C則是來回巡視，陣仗很是嚇人。不論是A、B或C，那些面帶殺氣的軍官，五官長相雖不至於青面獠牙，但與你在《愛的迫降》見到的主角面貌相差不只千萬里，總之，入關那刻就能感受到肅殺氣氛，這是對北韓的第一印象。

是的，我到北韓了。到北韓的重點就是跑馬拉松，但從導遊聽來的訊息卻不太妙。問跑道路線，不知道；問補給站，不曉得；有沒有成績證明？不了解；那號碼布總該有吧？導遊笑笑說不清楚。一切都要到比賽前才明白。

到了比賽前一晚，終於拿到號碼布了，但路線還有補給站資訊仍然莫宰羊，反正到時候跟著跑就對了。果然是個神祕的國家，連跑馬拉松也一樣。

但這一切一切的不順，到了會場之後就完全不同了。必須說，進會場那一刻是感動的，相信所有參賽者都會感動，不論你準備完成幾K的路跑都會激動不已，當五、六萬人（有一說是七萬人）一起迎接你進場，怎麼能不情緒澎湃？人生什麼時候可以接受這麼多人的歡呼？除非奧運等級的選手，但我們不是，這輩子不是，下輩子可能也不太會是，即使你知道他們是動員而來的還是很動容，所以那一刻讓人有如置身奧運會場，我們還計較什麼？會計較進場前在戶外冷冽的空氣中等待一個多小時？會計較不知道路跑路線？會計較不知何處有補給站？會計較有沒有成績證明？似乎都不在意了，大家緩緩前進，興奮地只等槍響那一刻。

平壤擁有適合跑馬拉松的氣溫，這一天溫度約落在五度左右，很冷，跑起來卻是舒服的，而且你應該沒有跑過比平壤更乾淨、安全的路線了，雙腳不斷往前衝的你，絕不用擔心會有人突然橫向衝出，像是我在二〇二〇年的台北馬，雖然沿途有交管，卻還是兩度見到有人硬衝過防線。很乾淨、很安全的平壤賽道，可以心無旁騖的全力衝刺。

前十公里我的速度很理想，但我心裡清楚自己的狀況再好也很難，應說不可能在四個小時內回到會場。其實在前一天我才知道，平壤馬拉松不論報名幾公里，最後都是團進團出，也就是說即使你只跑三公里早早結束，還是得等團裡最後一位跑友回來，那表示我拼老命跑進五個小時內，大家也得再等我一個小時以上，而我這個人生平最怕造成別人困擾，所以算算時間，在十五公里左右就決定折返，好能趕在四個小時內回到會場，以免大夥兒久等，是的，我並沒有跑完全馬。

回程在沒有時間、速度的壓力下，我開啟了觀光客模式，邊跑邊拍照。畢竟是在北韓，或者說果然是在北韓，能否拍照的標準不知在哪？有些建築手機拿起就按沒人管，但有些才剛對準就被制止，被那三步一崗五步一哨的志工制止，最後也只能心存拍到賺到的僥倖心理一路往前。

基本上，我認為北韓人民是熱情的，雖然看似害羞，但只要主動對他們揮手或跟他們擊掌，路上的男女老少絕不會冷漠以對；有時見你速度慢下來，還擺

動雙手希望你加油。美中不足的是身上準備了些零食要送路邊小朋友，那些小朋友是在平壤極少數可見身著鮮豔服色的人，且擁有孩子該有的純真笑容；我在台灣先備了些糖果想分送他們，結果……沒錯，又被紅帽的志工禁止了，不過至少他們身邊的媽媽用了微笑向我致謝回禮。

雖然沒有跑完全程，但回程這一路上是我少有的跑馬經驗，可能是少跑了十公里吧，最後幾公里竟有心曠神怡之感，呵！不過在路跑的過程中，我一直在想兩件事，其一是從第一天到平壤就發現到處有人在打排球。今天用跑的不是坐車，所以速度慢反而看到更多的人在打排球，不知為何北韓人如此熱愛這項運動，是很有趣的現象。其二是那六、七萬的平壤民眾迎接我們進場，然後再等我們一個個回到體育場，這四個多小時一直待在那裡不是很無聊嗎？結果我回到終點，回到萬景臺體育場，才發現答案其實很簡單，官方在這空檔安排了場足球賽，實在是很聰明的做法。

回到主場地，我們須再繞場一圈才通過終點，看到那六、七萬北韓民眾，我又再感動一次，然後找地方休息。足球賽還在進行著，足球我不是太內行，但看雙方選手盤球的速度，以及給球的準度，可以觀出具有相當的水準。一個曾踢進世界杯會內賽的國家，足球實力會差嗎？滿場的觀眾顯然也都是內行人，看得很投入且頗激動，不用說，一定比看馬拉松過癮多了。

因為還得等其他團員回來，所以我在那裡隨處晃晃，不過能移動的範圍還是有限就是了。北韓是個高度管制的國家，現場卻是有點混亂，尤其找不到廁所這點令人困擾，但再怎麼困擾也比不上賽後沒有獎牌這件事，不是我沒有跑完缺獎牌，而是所有人、不論有沒有完賽、哪國、什麼膚色的人都沒有，這太晴天霹靂了吧！大家哎叫不已，前幾屆明明都有，據說前一年還沒跑就先發了，但我們卻沒有，說什麼就是沒有，因為沒有做就生不出來。也見識到這個國家唯一的規則就是沒有規則。

再怎麼不滿也都得回到所有外國人統一住宿的飯店，上了巴士，往窗外看，身著深色服裝的平壤老百姓極有秩序地移動著，不一會兒，我們車都還沒發動，人就疏散得差不多了，完全呈現一種不知道之前他們打哪來、現在要去何處之感。

不像東京行，目的就是完成跑馬，到北韓更多的是觀光行程，好好看看這個國家。行前旅行社是這麼警告的：「北韓食飲未必理想，要有吃苦的準備。」明明是出去玩，卻要我們準備吃苦，聽起來頗駭人的。結果事實完全相反，我覺得餐餐根本都是國宴級的，當然泡菜少不了，還真不錯，而且奇的是還有表演。馬拉松結束那天晚餐是慶功宴，慶什麼功不知道，但吃飯是真的，很道地的韓式烤肉，美麗服務生負責煎烤，團員某男看著前方舞台，對著服務生說：「等一下你要上台表演嗎？」很標準的撩妹。服務生不但聽得懂，且用流利的華語回：「是啊！」當大夥七、八分飽時，表演開始了。等等，舞台上這些打扮光鮮亮麗的「藝人」，不就是剛剛還在幫忙夾菜翻肉的小姐嗎？怎麼全上台了，而且還是非常專業演出，如果驚呆程度是一到十，那時我們至少是九．九分吧！原來她可不是隨口回話，這一切都是真的。既能手握鍋鏟煎炒，還能玉指刷樂彈琴外加高歌一曲，這不是多才多藝什麼才是？

隔天去參觀了北韓官方安排的高中生表演，別緊張，我沒有要說那些服務生又變成高中妹了，只是在這個頗為「樣板」的演出中，除了看到原本該青春洋溢、熱情的高校生，每人臉上透露著些許無奈外，也間接了解到，原來北韓高中生一天的學校課程是上午上學科，下午則是專長課（感覺像是台灣學生棒球隊），學校按個人喜好去學習專長（業）技能，我就在想，或許前一天那些多才多藝的服務生，可能就是這樣訓練出來的吧！因為同樣不准接觸這些學生，我也只有這麼猜了。

隔天則是到板門店，我的母親以前參加過板門店觀光行程，不過是從南韓那頭看過來，這回她的兒子要從北邊往南瞧。

平壤到板門店大概要三個小時的車程，看似平坦的路面卻顛簸不已，不過這麼久的距離也足夠當地導遊幫我們上堂政治教育課。從抵達的第一天到離開，

始終有三個導遊跟著我們，不太確定他們之間是同事還是彼此監視的關係，但她們都說著一口極標準的華語。前往板門店這一路上，是由看來是導遊團中的領導（以年紀判斷）負責介紹，麥克風不間斷傳出她甜美的聲音，但宣傳味十足，總結三個重點是：朝鮮未能統一，千錯萬錯都是老美的錯；金正恩將軍還有他爸，及他爸爸的爸爸，如同神一樣的偉大；為了國家，我們願意犧牲一切。也許你會覺得可笑，但我們這個世代的人卻一點也不，最多是一點同情而已，跟很多年輕人說過幾件事，但沒有人相信：剛開始念小學，我們就被教導蔣總統是民族的救星、世界的偉人，我們也深信如此，然後每年十月三十一日蔣介石生日，學校禮堂就布置成壽堂，大家排隊進去鞠躬，偶爾還有壽桃可拿；國中三年級那年，蔣介石逝世（北韓用詞是偉大領袖的心臟停止跳動），移靈到大溪時，我們必須跪在仁愛路路邊等著迎靈，後來實在等太久了，女導師不忍心看下去，就讓我們輪流跪第一排，其他人可以在後面偷偷蹲著休息。我們也經過「造神」年代的洗禮，對於現今的北韓人，我是多了點別人沒有的同情。

抵達板門店之前，心裡有底南北韓只隔著一條線，但親眼目睹，如此伸手可及還是很震撼。北韓軍官對我們做了韓戰的簡介，其中一句令人很難忘，他透過翻譯是這麼說的：「美軍被朝鮮人民軍大敗，簽停戰合約時因為太害怕，美國軍官簽完字就立刻逃跑。」嗯！大家聽完都不語，沒人去反駁與我們認知的不同，這應該是一種「尊重」吧！對當權者的一種尊重。歷史，原本就是誰當權誰下筆，就像我們在瀋陽參觀「九一八事變紀念館」，裡頭回顧整個事件，日軍之所以快速侵占東三省，是因為蔣介石採取不抵抗政策拍拍屁股溜了，之後所以贏得對日勝利，是因為毛澤東偉大的領導抗戰。歷史是當權者的歷史，從不是觀看者的歷史。

在北韓總共待了四天，第一天到飯店，第二天跑馬，第三天觀光，第四天準備搭火車到中國，再轉機回台灣。利用有限時間，上火車前往中國之前，導遊特地安排參訪北韓郵政總局，也可以順便寄寄紀念明信片，這原本在旅遊中是極自然不過之事，但有人卻很納悶。有個同是觀光客的中國大叔走過來，問我們在做什麼。沒人理他，只有我回：「寄明信片啊！」

「寄到哪？」

「寄回家或寄給朋友。」

「寄回家？那等會兒回到丹東（中國境內）打電話就好，寄信多麻煩啊！」

「呃！對吼，還是你們中國人聰明，你看我們台灣人就這麼笨！」

中國大叔聽完我的回答，沒有爭辯我話中的「語病」而要硬說台灣是中國的一部分，反而對他自己的聰明很是得意。不久一群老外也走過來坐在我們旁邊，同樣也是人手一疊明信片準備寄出去，這可把大叔搞糊塗了，怎麼連老外也這麼不長腦呢？

很有意思的對話吧？但接下來的七、八個小時就再也笑不出來了。我們是搭飛機進北韓，回程則改坐火車，一趟差不多是台北到台中的距離，卻要嘟嘟地前進達六個小時，不過這就是旅行，無論多糟都是難得的經驗。我一直在想，過去幾天一直想辦法讓我們看到平壤最現代化一面的官方，沒有把火車上的窗戶用黑紙貼上是不是很不智？從火車啟動那一剎那，迎接我們雙眼的是無法相信的時光倒退，及一幕幕令人心疼的畫面。如果平壤是停留在八〇年代，那麼一路往北開的火車是帶我們穿越回到六〇、五〇，一直到三〇年代，無法形容眼裡所見那貧瘠土地及窮困的人民，團裡的兩個小女生，起初我猜她們對著窗外只是拍照留念，不過拍著拍著，兩人竟哭了出來，我有點嚇到，邊哭邊講話。我開始聽得不太清楚，後來只聽到小女生說：「他們好可憐，我昨晚還有那麼多肉都吃不完。」百分之一千的真實在窗外，百分之一萬的真性情在我面前，如果你看過《我們最幸福》這本關於北韓人民生活的書，而懷疑書中的一切，那麼何謂眼見為憑，現就活生生印證在窗外、在眼前。

小女生猛按相機，但北韓官方絕不可能讓我們把影像帶出去，全世界最嚴格、最恐怖的安檢就在前方等著我們！哪個國家的邊境海關最令你難忘？如果你搭火車從北韓離開，那你應該不會有第二個答案。上火車前導遊交代，到北韓邊境時，他們會上來收走大家的護照，並檢查手機與相機，所以心裡是有數的，但相信我，心裡有數與實際碰到根本是兩回事。經過不知道多少個鐘頭，我們終於到達新義州，北韓的邊境城市。火車停駛不動，我們被要求坐在臥鋪床沿等待，三人一排面對面安靜地等著，愈是無聲就愈令人不安。負責檢查的軍官群大概過了十幾分鐘後才上來，一上來他們並沒有開始做該做的事，反而是來來回回巡視一遍，我的位置看不到他們的長相，但應該也不是《愛的迫降》那種顏值的，看不到臉只有隱約的腳步聲，一整個肅殺之氣，很像冷戰時期的諜報片，深怕多一個呼吸就被帶走，至少我看對面同團的女士是如此，不安的情緒完完全全寫在臉上，我嘗試講了幾個笑話給她聽，並且問了她平日工作的內容，她回了幾句後，五官看起來是有那麼點放鬆了。

進北韓前，我曾看過一部國家地理頻道的紀錄片《北韓探祕之旅》，主持人麥克也曾碰過這種陣仗，以他資深記者的歷練，碰上了依然感到相當不安，而且認定這是北韓故意作為，讓所有外國人處在這種隨時會被帶走的氣氛下。等我親身經歷後，也是這麼認為，一個簡單的收護照、檢查手機相機的步驟，硬是可以搞了快兩個鐘頭，尤其是抽檢手機及行李時，他們就是有辦法讓你心跳到最高點，玩過彈耳朵遊戲嗎？耳朵被彈本身沒什麼，但有人把手指頭放在你耳邊半天不下手，那種緊張感才要人命，此時的我們就差不多是這個感覺。不是說我天不怕地不怕，只是想，人就掛在這裡害怕也沒有用，就在軍官面無表情一個個看著我們，還沒有決定要抽檢哪一位時，我跟身旁的團友說「一定會抽中你！」「你怎麼知道？」「因為你的臉最黑。」我的答案讓這位全團唯一全馬跑進四個小時內的大叔笑了。結果，真的抽到他，被抽中的人得把行李打開，讓他們仔細翻查，手機任由他打開照片檔一張張觀看，我們這間的人沒什麼狀況，也不知其他間有沒有人被要求刪照片的，不過也應該沒有人那麼善良跟軍官提醒，手機照片刪除是可以恢復的。

無論如何，大夥總算安安全全渡過這一關卡。離開新義州不到幾分鐘見到鴨綠江，代表即將進入中國，揮別令人難忘的北韓。火車行駛其上，一個江面隔開南北，一邊高樓林立，一邊幾乎空無一物，很像科幻電影描述的，一面高大的牆把不同人種隔成兩個天與地。第一次有這種感覺是去看亞歷桑那響尾蛇的春訓基地，大小聯盟比鄰而居，就我們看來小聯盟基地已經夠好了，不過和隔壁的大聯盟就真的天差地遠，感覺好像球團是故意這麼弄的，要刺激小聯盟選手努力拚上去，然而對江南的北韓人們而言，他們又能拚去哪裡？

單純地完成一件事

平壞不是我的初馬，也絕不會是最後一場，從北韓回到台灣後我又跑了幾場。很多人會計算自己跑了幾場馬拉松，這也是一種人生成就及功勳，可是我沒有刻意計算。每當有人問起，我才會一個一個慢慢加數，老是忘了自己跑過幾場，寫過的書好像也是如此，我到底寫了多少本棒球書，十五？十六？或是更多，也沒好好算過，只知道從一九九一年之後就不斷有作品發表。總覺得那只是一個過程，重點是如何把最好的內容呈現出來。提到這一點就想起了郭泰源，當然把自己與郭泰源擺在一起談似乎太高抬了，但還是可以聊一下啦。

一九九九年，與郭泰源合著了一本投球技巧的棒球書，內容主要是藉由郭泰源的口、我的手，把郭泰源投球的技術還有他的棒球理念傳授下去。這本書的訪談工作大概進行了十天左右，從投手的熱身、傳接球，到各種球路的投法等。某天談著談著，我問起郭泰源：「你在日本職棒總共投了幾勝？」結果他的回答嚇了我一大跳：「我怎麼知道自己投了幾勝？」聽到他講這句話，不知你會不會和我一樣驚訝，而且是驚訝得說不出話來。我一直以為職業棒球的投手會知道自己的成績、到底投了幾勝、幾敗、防禦率多少，就像一般人知道自己什麼歲數一樣，你該清楚自己活了多久吧？可是郭泰源不知道，當我將手中的資料清楚地告訴他成績是「登板二七二場，一一七勝六十八敗十八救援、防禦率三．一六」之後，他也只是淡淡說了「喔！是嗎？」。「喔！是嗎？」這簡單的幾個字，也許吧！也許就是郭泰源能在台灣、日本揚名立萬的另一股神祕力量。與郭泰源對談許多次之後，私下我常在想，郭泰源在投手丘上能投得好、輕易地用手中的球讓打者出局，除了超快的速球、詭異的變化球之外，他給我強烈的感覺是在投手丘上的自信心、心臟強度，還有過人的EQ。

其實郭泰源的棒球路並非從投手丘出發的，「東方特快車」是從高中開出起始站的。從青少棒的復興國中到長榮中學青棒，郭泰源都是擔任游擊手的工作，之後才走上投手丘去肩負勝敗的重責大任。半途出家加上不起眼的身材，卻能投出令人驚嘆的球速，一九八四年洛杉磯奧運對美國一戰，郭泰源飆出一五八公里的超快球速。不只是球速，郭泰源還有準確的控球力，這些條件加總之下，引發美日職棒的爭奪戰。不是投球科班出身，又沒有出色的體格，但有這樣的表現，這一切的一切，有人歸功於郭泰源的「天賦異稟」。然而就我的觀察，以郭泰源和其他投手來做比較，從他投球動作上的協調性、身體的柔軟度等，的確是天生投球的料，但除了顯露於外的體能條件之外，球能投好，名列於日本職棒年鑑上「十大助人（外籍球員）」，恐怕還得加上他的心理素質吧！這就是我所謂的過人EQ。

那本合著書的最後一章是關於他投球的理念，談到這，他不只一次強調「怕輸就不會贏」，這是他在投手丘上的信念。他只知道上場就是要全力、全心的投球，一個老是記得自己投幾勝、老是擔心自己會敗投的人，在郭泰源眼中是成不了大投手的，所以他不知道自己投了幾勝，看起來是有點合理了。

我不是說自己忘了跑幾場就是偉大一如郭泰源，或許小小的相似在於不去計數，就單純當做完成一件事、一場賽會，帶著這樣的心情跑起來或許更好一點。

雖然對我這種要跑進五個小時內都有點辛苦的跑者而言，如何跑得快輪不到我來說，但還是有幾個心得可以分享。

完成一場全馬，一定要經過訓練，很多訓練。跑步應該是「報酬率」最高的運動，你投入多少時間練習就會得到多少結果，相差不遠。它不像棒球，成功與否牽涉到的因素百百種。富邦二軍總教練陳瑞振說：「棒球是個很不正常的運動，它要練很多、很多，卻又有很多的失敗，每天揮擊那麼多球，但真正比賽有超過七成以上的機率失敗，要有很好的態度才能練好棒球。」的確是如此，你可能揮擊出一個強勁的球，卻正好被防守的站位給接到；你可能投了一個很棒的位置讓打者揮不好，但隊友卻沒有接到球。影響棒球比賽最後結果的變數非常多，練的量大最後卻失敗收場，所以棒球選手普遍都很迷信也就不意外了，也因此會對場上裁判誤判情緒反應大也可以理解。然而跑步沒有，練多少就會呈現在你的跑道上，沒有人會在你前進時絆你一腳，也沒有裁判拉著你的衣角不讓你動，唯有自己可以決定最後結果。

我的初馬雖然順利完賽，但練的量及方法，事後回想顯然不夠多、不夠好，不過，至少是有持續的練習，最後才能回到終點。我不是那種前段的菁英選手，鳴槍後一路衝讓別人看不到車尾燈，也許正因為我跑的速度不快，才會見到一些奇怪的事。

在比半馬時，常見有人在三公里左右就開始用走的了；又或是全馬比賽，才剛過十公里，也有人不是步伐變超慢就是停下來了。看到這畫面，我就在想除非是受傷，否則他們是不是都沒有練習啊？還是完全沒有「半馬」、「全馬」概念，把跑步想得太簡單，又或者根本就是報名費對他來說不貴，來湊熱鬧的？所以要有持續不斷的練習，面對這個賽事的正確態度，才是順利通過最後拱門的關鍵。

然而，練習是很累人的事，最累人的不是訓練的過程，而是要出門到跑場那段和心魔對抗的過程。田鴻魁的podcast節目《跑步不要聽》開場說的那句「跑步不難，難的是穿上跑鞋、離開家門的那刻」，完完全全說出了跑者的心聲。夏天太熱不想跑、冬天太冷不想動；夏天冷氣好舒服、冬天棉被好溫暖。尤其我們家的位置，窗外有景色可看是好處，缺點是雨絲掛在外頭時，直接打消我出去跑的念頭，所以我也和大家一樣，每次想到要出去就痛苦不堪，直到我看了河正宇那本《走路的人》。

關於河正宇這位韓星，愛看韓劇的人都知道他；不知道的人，我就提《與神同行》及《失控隧道》兩片，男主角正是他。雖然身為韓國一線紅星，但他卻是個熱愛走路的人，能走就絕不坐車是他奉行的圭臬，我也超愛徒步所以我就買了這本書，書中對於他因為愛走路而做了不少瘋狂事，心有戚戚焉。像在夏威夷一天曾破紀錄的走了十萬步（沒錯，是十萬），十萬步一般人步伐換算差不多就是八十四公里，正好是馬拉松的兩倍，但因為是步行，所以花的時間更久，要整整二十個小時才能達標，結果二〇一六年十月十五日這天河宇正完成這項壯舉。

很愛走、很會走的河正宇，他的朋友都以為河正宇是個行動派，是說走就走的人，但事實是不想出門河正宇也和所有人一樣，他自述「（有些日子）只想緊閉雙眼，窩在棉被裡動也不動」，最後他發現解決這種情緒的方式就是「停止思考」，什麼也不要想，讓頭腦空白，專心只做一件事，先把鞋穿上，繫上鞋帶，然後出門。

看完那本書後，我很確實就朝著這樣的方式在做，包括準備二二六那段要人命的訓練課表，都是按河正宇這樣「停止思考」，不論外在環境是如何，不多想，專心先把鞋

穿上再說。也許你會說，我就是不想離開被窩啊！那也是一樣的道理，先做第一步，什麼都不要想；起身、接著穿起褲，這時你腦中的惡魔會說「我幹麼這麼累？」將它揮去，練習保持停止思考，繼續下一個動作，等你出了門起跑了，剩下來就簡單多了。

我的另外一個方法是和年輕到現在的習慣有關。在工作的前一晚，我會把隔天要用到的資料、電腦先放在包包裡，另外要穿的衣服也預先放置好。其實到了非球季期間，沒有工作時我依然會把明早要穿的衣服先放好，即使可能只是短褲加短T。很有趣的是我一直以為大家都和我一樣，有天與FOX體育台的同事聊天，說著說著不知為什麼聊到這個話題，結果竟發現原來只有我會這麼做，旁邊四、五個男男女女都是隔天早上才把需要的東西拿出來，我就好奇問：「那不會很匆忙忘了什麼嗎？」結果沒人回答我的疑問。

這習慣擺在練習上有個好處，就是少了偷懶的理由，多了出門的動機。在前一晚先把隔天不論是跑步的短褲、襪子、水壺，或是騎車要用的安全帽、太陽眼鏡，先放在顯眼處，這樣隔天就隨時可出發，而不是想到拿裝備就懶得動了。這一招我個人是覺得是很好用啦！

經由不斷、大量練習，成績進步是一定的，但你應該不太可能從一場全馬原本勉強五個小時內的人，一下躍昇為三個小時內就完賽。簡單說，先評估自己的能力大概在何處，要用什麼樣的速度跑完全程。以棒球比賽來說，如果你本身的條件就屬於安打型，求上壘及短程安打為主，那麼就不要學那些巨砲一上打擊區就猛揮大棒，雖然近年來有所謂的「飛球革命」，在揮擊時求仰角讓球飛行的距離更高、更遠，也看到球員成功改造的例子，不過媒體會報導的都是成名的範例，失敗的其實不在少數。所以看別人猛揮自己也想如法炮製，不一定會得到好的結果。

跑步也相同，保持自己的速度很重要，不但身體要練，練如何配速等，心態也要練，這一點就有些難，尤其對剛開始跑馬的人。難在於鳴槍起跑後，大家一馬衝出，每個人都在比快，你如何

保持定力、保持自己穩定的步伐往前；又或者你在行進過程中，有人在身旁呼嘯而過，還能保持平常心、保持同樣速度？有次的賽會我印象很深刻，大概是五公里左右吧！我照著自己的六分速（很慢、我知道）前進中，身旁突然有人很快速地在我左側超車，會特別記得他，是因為他穿著粉色的背心、綠色的短褲，這樣的配色想不注意也難，後來我到了十三公里左右，又見到這位可能會讓他小學美術老師難過的先生，綠色系短褲下的雙腳已經沒在跑動，而是極緩慢的走著。我通過他身旁，心理OS「啊你不是很快？」

所以不要受別人影響，那些跑得飛快而能一路到終點的人，肯定都是長期練習的結果，如果你不是這一型的，那就照你自身的節奏，從頭跑到尾吧！否則是很容易爆掉的。我個人最慘痛的經驗是金門馬，起跑點在金門大學，那天是適合跑步的好天氣。四十年前在這裡當兵出操跑步比死還痛苦，結果現在卻花錢來跑全島，想到此就不免一馬衝出。前十公里我都感覺自己快飛起來，配速是什麼？完全拋在腦後。二十公里後我付出代價，呈現爆掉的結果，最後差不多是半走半跑結束的。這種情況在棒球比賽也常發生，有時一場球賽結束，你問那個被打得很慘的先發投手，為什麼今天會這樣？得到的答案常和你預想的不同，那位被打爆的投手會跟你說，其實他今天賽前的練投狀況其佳，上了場後就忍不住一直想用力催球速，反而球不聽使喚。另一件對比的事，是一九九八年五月十七日洋基投手大衛・威爾斯（David Wells）對明尼蘇達雙城隊投出了完全比賽，是大聯盟史上第十五場。據說大衛・威爾斯前晚還宿醉，結果反而投出完全比賽，很有趣。

所以「怎麼開始不重要，重要的是如何結束」這句話，在跑馬拉松時也很受用。有時受別人影響也可能發生在賽前，我總覺得在起跑線前的等待時間最無聊，一群人擠在一起等槍響，有時一等就是三十分鐘，完全不知道要做什麼，如果碰到天候不理想更糟，不少人是結伴參加，這時你就羨慕他們彼此間可以聊天打發時間，可是有時他們嗓門太大，想不從耳朵進去都很難。他們話題通常會圍著跑步打轉，也不知是有意或無意，總會有那麼幾句話出現，像之前他跑了全馬成績是如何如何；

又或者是為了備戰他月跑量是多少多少。總之，那瞬間你會以為是置身武林大會之中，身旁盡是高手，而你卻是最弱的那一咖。

這讓我想到很年輕的時候，看過作家逯耀東寫過一篇散文，文章裡提到，早年考大學並不是聯招而是獨立招生，他想念台大所以報了台灣大學招生考，考試那天他很緊張，但緊張也沒用，反正鐘響進去應答就是了。第一節課考完，逯耀東在教室外休息，有一群人在他身旁嘰嘰喳喳直說題目太容易，這可把逯耀東嚇到了，怎麼我都不覺得？完了，一定考不上；第二節結束，又是同一群人在教室外嘰哩呱啦說考題一點都不難，逯耀東再嚇一次，台大沒望了。但無論如何驚嚇逯耀東還是把考試撐完，該做的題目好好寫畢，結果放榜那天，逯耀東看到自己的名字在錄取名單之中，就這樣他進了台大，在台灣大學求學四年間，逯耀東從沒有見過那群一直說題目很簡單、看起來很厲害的人。

我並不是說臨跑前，在你身旁聊天的人都是吹牛說大話者，而是你不應該受到任何影響，就如同起步後，別人跑多快是別人家的事，你要做的就是保持穩定一路跑到終點，唯一的信念就是：為自己負責，反正不論快慢大家拿到的獎牌都長一樣。

那些人，那些事

「為自己負責」是我行事的準則，總是希望把事情都做好，未必是一百分，但至少對得起自己。很喜歡那種專精做一件事的感覺，李國修的那句「人一生做好一件事就功德圓滿」，我將它當做座右銘，在棒球領域上，我也許有接近這樣的標準。

依這樣的個性，把跑步當成運動項目的話，我應該只是個不斷跑步再跑步的人。但一些事及一些人卻改變了這一切。

那天是二〇一三年十月，詳細的日子有點忘記了，應該是世界大賽的某個休兵日，我在健身房的器材上操作著。會上健身房是因為聽說不能只是光靠跑步，必須有些肌力強化的訓練幫助，所以想讓自己跑步狀況更好，就入了健身房會籍去動一動，不過是沒有特定目標性的訓練，就看到什麼器材練什麼。亂練了一陣子，這一天練著練著，有人走了過來，如果不是他那一身制服，你不會覺得他就是健身房的教練，因為身型實在太不像，但他就是啦！蔡承翰教練。

他緩慢地走近，臉上有著些許興奮的表情，但見到我的第一句話卻是「槓片不要碰撞在一起喔！」，看起來我使用器材的動作是錯誤的。原本以為蔡承翰教練接下來會說正確方式，結果他說的卻是「我剛才在電視看你的比賽（重播），沒想到你就從電視跑出來」。

這就是與蔡承翰的第一次接觸。

不知你有沒有上健身房使用器材，然後健身教練走向你的經驗，你的直覺是什麼？這

傢伙是要跟我推銷課程吧！會有這樣的疑惑是正常的，尤其蔡承翰所屬的健身集團，我覺得或許是公司經營的政策。所謂的健身教練，推銷課程的重心反而凌駕在他們專業之上，有時真的就覺得他們比較像業務員，有點可惜。

辻盛英一那本《業務之神聊天術》將業務員分為六大類，從最糟的「強迫自己想賣或非賣不可的商品，最後勞心勞力，搞到自己累垮，顧客也討厭你」，到最高級的「神級般的存在、顧客成為你的信眾，強力支持你任何事」，我很肯定蔡承翰一定沒看過這本書。但最後我卻成為他的學生好多好多年，最後成為好友，原因不是他也看棒球，也不是他很有話術，而是他表現在工作上的熱情，蔡承翰對於練好自己（雖然外型真的很不像）及讓別人更強這件事，充滿熱情。

我自己的工作也是一樣，一年平均一百場棒球轉播下來，老實說真的好看的比賽不到十場，有些球賽可能前兩局就勝負已定，有的則是九局超過四個小時還拖著，如何保持轉播時的熱情並不容易，尤其現在的觀眾不太可能從第一球看到結束，他可能半途才加入，如果他剛打開電視就聽到主播球評要死不活的聲音，應該很難接受。所以我們一上台就該像藝人一樣，全心全力去「表演」，觀眾根本不會在意也不想知道你昨晚睡得好不好、是不是和家人吵架。像以前中廣高雄台的張大樑，那時我們在立德棒球場播比賽，但他的工作不是只有轉比賽而已，白天還有採訪工作，那些年中廣記者真的很辛苦，白天跑新聞晚上還要兼著播棒球，然後加班費用好像沒有多太多，甚至少得可憐，我記得同台記者李國彥曾用「差不多買瓶枇杷膏」來形容，最後變成誰懂棒球誰倒楣。即使在這樣情況下，張大樑每場比賽都播得很精彩、生動活潑，有時遇上爛比賽，根本沒什麼好講的，他就會分享一下白天跑新聞的有趣內容，讓觀眾不至於太沉悶，我記得他說過一句話：「播球的人如果自己不快樂，聽眾怎麼聽得快樂？」這句話我一直記到今天。所以再怎麼累、爆爛的比賽，也始終提醒自己打起精神，要樂在工作。

蔡承翰似乎也是如此，身材不高但嗓門很大，容易讓人感染到他的熱情，教學也是一樣，很習慣在學員做好一次動作時，在旁高喊「oh! ya!」，即使你只是蹲個四、五十公斤都會很有成就感。在棒球圈三十餘年，看過不少例子，某些選手在A教練指導時完全沒改變，但換了B教練後卻進步神速，這可能是他剛好開竅，但更多的時候其實就是選手和教練契合問題，兩人頻率、指導的方式都對，結果就大不相同。

和蔡承翰亦是如此，所以跟他上了不少年的課，進步自然不在話下。不過在這本書這麼大力行銷他，不用害怕有「業配」之嫌，因為蔡承翰已昇為行政職，早不在第一線當教練了，呵！與蔡承翰教練認識，除了在肌力訓練上的進步之外，最重要的是感受到他對任何事情的樂觀態度，還有勇於嘗試的精神。

蔡承翰有個完賽三步驟的說法，哪三步驟？就是「完成報名、比賽人要到現場、帶著輕鬆愉快的心情完賽」，講粗魯一點，這種聽起來有說跟沒說一樣的話根本就是放屁！仔細想好像真是如此，至少沒有前兩樣其他免談，但重點是第三個，是我最難達到的，不論參加什麼項目，都把自己搞得緊張兮兮。可是他似乎就可以輕鬆面對，我是到了很後來才明白一個道理，蔡承翰每次都完賽，包括二二六等三個不同等級的三鐵，他都能順利跑回終點，是來自於長期紮實的訓練結果。

至今我還很難做到帶著輕鬆愉快的心情完賽，不過蔡承翰勇於嘗試這一點，倒是影響我不少。記得他第一次推坑要一起報名參加五一．五公里三鐵賽時，我真的以為他在開玩笑，心想我連半馬都跑得二二六六，怎麼可能還兼顧其他兩項，但蔡承翰就是有那種熱情鼓舞人一試，結果我就這麼「完成報名、比賽人要到現場」，接著雖沒有輕鬆愉快，不過游過活水湖、騎完自行車，最後再跑完十公里時，那個感覺很夢幻。如果沒有蔡承翰推一把，我不可能完成三鐵賽事，更不可能開啟後面的挑戰。

很多人愛用「推坑」兩字，乍聽之下好像要別人做什麼壞事，往火（錢）坑裡跳，但多數會把家人、朋友往坑裡推的人，都是經歷過該項賽事訓練的辛苦，也品嘗到完賽的美好，這種滋味也希望親友一試，所以「推坑」絕沒有字面上來得如此糟。很感謝蔡承翰的推坑，讓我勇敢跨出那一步，等你去做了，就知道事情沒有想像那麼難、那麼可怕。

另一個影響我轉變的是母親的離世，如果讓我選擇她還健康活著，而我放棄完成這麼多東西，那我會願意，但痛的就是那是不可能的。我是單親家庭，從小媽媽獨自扶養我和姊姊三人，識字不多的她，這一路走來到底吞了多少淚，我不知道，只知道記憶中她永遠面帶笑容、聲如洪鐘，這一點似乎遺傳給了我，再苦、再累，總得打起笑容。母親總是那樣樂天，她愛爬山，後來還在竹東的山上蓋了房舍，健康的身體加開朗笑容，每個人看到她都說她至少活到九十歲，如果是真的那該多好，但癌症還是帶走了她，留下也以為她會長命百歲的我。中國作家李師江說：「我們和父母之間沒有遺憾就不成人生了。」每個人都這樣嗎？但沒有好好盡到孝道真的是我的遺憾，然後開始慢慢憶起，她在世時根本不會想起的一些小事：小學時她牽著我去東園市場小攤吃東西，媽媽說吃不下就把一盤肉推給我時的笑容；高中回到家，見到她在家昏暗燈下做代工的背影；當兵在新竹新訓中心，她冒著大雨提著大包小包來探親的身影……。

我們和父母之間沒有遺憾就不成人生了？若是，那我的人生真的遺憾，媽媽的離世也讓我更感慨生命的無常。加上那一陣子很多身邊認識的友人突然就這麼走了，最記得的是徐生明總教練。忘了是誰用訊息通知我「徐總走了」，我還問他徐總要去哪？我直覺的以為所謂的「走了」只是要換到其他球隊而已，你怎麼能接受前兩天還見到的人突然就這麼離世了，太突然了。

不算頓悟，只是慢慢覺得以前都說「等到哪一天……我就……」，其實人生變化真的很快，如果不珍惜現在，很現實地說一句，你可能也等不到那一天。所以從二○一五年起，我陸續完成了些事情，北韓跑馬、騎車環島、橫渡日月潭、一一三鐵人賽、徒步環島、一日北高、百岳登高，還有一些有趣的學習及活動，滑板、彈鋼琴、划龍舟……。

做這些事的過程中，我還把「時間」騰了出來，將經營超過十年的運動媒體TSNA無償交給卓君澤。先說為什麼要交棒。從成立到找接棒者，TSNA一直是收入大於支出的媒體，這在台灣很難，尤其一直堅持的新聞品質，我未曾打過折扣，所以玩不下去並不是它的理由與選項。事實上很早我就在思考一個問題：TSNA該往何處去？那時已經意識到未來的媒體走向對經營者會是很大的挑戰，而對不想投入點閱率大戰，只靠品質維生的我而言，該把這個團隊往哪裡帶？這是個讓我想破頭的問題，我當然可以保持現狀，但對所有熱忱投入及努力打拼的優秀員工，好像不太對，一個原地踏步的環境，再多的熱情也會消耗殆盡，而且必然會走向死路，屆時很現實的狀況就是，它再也不可能是收入大於支出的單位，這從很多商業上血淋淋的案例可以觀察出，如果眼光未能放遠，那麼再好的品牌也是可能有終結的一天。但有這個想法的我卻沒有方向，真的很怕走錯路，那就不是我一個人的問題，是好幾個人未來工作（收入）的問題。以我這個傳統媒體出身的人，能思考的方向真的很有限，如果有誰或團體有能力帶著TSNA往前走，我很樂意無償雙手交給他們，只要答應我保障現有員工的工作權益。

這是我為什麼要交棒的理由，這個決定很難，之前要找人選其實花了不少心力，相較於過去有人願意收購而搖頭的我，這次是一毛錢也不要，反而才是考驗我的最大決心。最後考慮了幾位人選及一家運動行銷公司，卻都不太理想之後，選擇了對運動媒體經營有想法及熱情的卓君澤。

能帥氣轉身也得感謝每個階段的我，是這麼努力工作、努力存下每一分錢，每個人對金錢的定義或許都不太相同，「有錢」對我而言是指「沒有經濟壓力」，沒有經濟壓力的衡量標準在於「萬一早上叫不起來永遠睡著了，家人也不至於流落街頭」。

當我把這個決定和太太淑華說了之後，她沒有特別講什麼，一家公司就這麼送給別人，而不是留著等兒子接班，沒有反對的聲音而是全力支持我的選擇，令我感動。接著我將此事公開在社群媒體上，有人在底下留言道「捨得一個舞台，就能再創造一個非凡的舞台」，說得真好，也的確是如此。我在想如果沒有勇敢「斷捨離」，那麼現在的我還是和以前的我沒什麼兩樣，同樣被許多雜事綁架，同樣處在高壓力下活過每一天，那另一個舞台就很難出現。

走得慢才能讓靈魂跟得上

在另一個舞台上我達成了很多事，這些事都是以往不敢想也從未想像過的，例如徒步環島。記得從楓港往台東的途中，有人看到我徒步，然後知道我從台北走到此，再打算一路走回家時問道：「你是受了什麼刺激？」中央社曾報導，義大利一名男子與妻子吵架後到外頭冷靜冷靜，竟一路從義大利北部徒步走了四百五十公里到快接近中部，才被警察發現違反宵禁擱下開罰，義大利網友封他是「義式阿甘」。

我沒有受什麼刺激，更沒有和老婆吵架，只是覺得徒步環島這是件可以做的事，一直以來總認為要好好看看這塊土地，感受一下這塊土地上的人們，之前曾騎車環過這個我愛的島嶼，已經感受很深，但還是覺得速度「太快」了，只有走得慢才能讓靈魂跟得上，那麼就來走路吧！

本來兒子要一起走的，不巧的是他接到兵單報效國家去了，所以就自個兒上路了。澤木耕太郎是《深夜特急》二十六歲的作者，某天突發奇想，想從印度德里到倫敦，來一趟兩萬公里的巴士之旅，於是他湊齊了身上所有的錢，共一千九百美元，就這樣出門旅行去了。書裡有句話寫著他旅行的動機：「我不是為任何人，也不是為了增加知識、探討真理，或做報導，更不是熱血沸騰的冒險，我只是想做一件毫無意義、任誰都可能，但只有異想天開的傢伙才會去做的事。」我看到這一句，心裡想真的就是這樣，就是想完成一件事而已，好像也不用特別去賦予它太多意義，總之，就是走。

此生如果有做過什麼有意義的事，那徒步環島肯定是其中之一，且排名很前面。如果不是用走的，我看不到很多的「風景」。曾貴為宜蘭縣副縣長，卻做什麼像什麼，是個

能屈能伸的民宿主人；兒女遠離，只得在彰化火車站兜售蔬果維生的老嫗；不計成本，堅持將就業機會給予鄰里同胞的蠟燭廠老闆；少小離家老大無法回，委身於花蓮的老老兵；對移工良善的超商服務生；像天使般要教我把箭射好的台東小姊弟；還有不願看也不能視而不見的景象，到處因產業外移而空置的廠房、醫療資源貧乏的山區、地層下陷的屏東小鎮……。

這就是我看到的真實台灣，高鐵把台灣變小了，而我用雙腳慢慢走，把台灣變得巨大無比，走得慢所以看得多。許多原以為極自然的事，一旦離開台北就完全不是那麼回事。我深深覺得，也許走在路上及完成這一趟後才領悟，那是個心靈成長之旅。像重新整理，更近似人生的重開機，那曾因工作而忽略的家庭關係、自己成長歷程的再憶起，及對天上母親的永遠思念，還有，對台灣這塊土地的學分重修。這應該是這趟原本不為什麼而走的路，卻在結束後得到的最大收穫。

走這趟路像人生重開機，更多的體會與領悟，是經由每個步伐踏出來的。我體會到，行動力就是你的超能力，最難的不是起步後，而是起步前：這世上沒有超人，「超人」只存在於需花錢買票進場看的那種，但你可以是自己的超人，只要動起來你就是擁有超能力的那個人。真的！最難的不是起步後，而在於起步前，勇敢邁出去就是一百分了。

我領悟到，所謂恐懼往往是害怕失敗的緊張感：在出發前我們都會被各種莫名的恐懼籠罩，走不動怎麼辦？腳痛怎麼辦？遇到危險怎麼辦？想這麼多你就跨不出去了。有一次我去蘇花徒步，行前不少人對我說，那段路很多隧道、很暗、很恐怖，結果真的走到卻完全不是那回事，明亮得很，而且還有行人專用道，遠比想像的安全太多了，所以別讓不必要的恐懼綁住你的雙腳。

不揮棒，球不會越過全壘打牆：別只是空想而不行動，買了十本跑馬書、看了一百篇跑馬文章，但從不出門起跑，是一點用都沒有。

八百公里就是很多的二十五公里連在一起：不需要一開始就把目標設得太遠，那會看起來遙不可及。要減重十公斤，不如半公斤、半公斤慢慢來，徒步也是，每天二十五公里，一次走五公里，一步一步來。長游名將李康特（Benot Lecomte）在一九九八年成為首位不用浮板游過大西洋的人，他在受訪時說：「我從沒有在跳進水裡的那一刻想著整片海洋，我只不過把大海分成許多小區塊，當我在海中央時，我會想像自己正在泳池裡，只是游泳池隨著我一起移動罷了。」實在是至理明言。

在那本《天才的人間力，鈴木一朗：51則超越野球的人生智慧》一書中提到，鈴木一朗曾說過：「達成夢想與目標的方法只有一個，就是累積微不足道的小事」，所以不管是「金氏世界紀錄」（Guinness World Records）認證的世界職棒安打王、美日通算四三六七支安打，還是二〇〇一年二百四十二支安打的大聯盟新人單季最多安打紀錄，二〇〇四年二百六十二支安打的大聯盟單季最多安打紀錄，或是二〇〇一至二〇一〇年連續十年單季兩百安，這些偉大的紀錄都是從一支支安打日積月累而成的。

目標明確，速度再慢總會到達：徒步環島不難，不要怕走不完，知道開始與終點，剩下就是把中間填滿而已。所有事情也都如此，我們會急躁於事情無法達成，其實那才第一局下半而已，方向明確總是會達陣的。

以為**原地踏步**，往回看其實已走了很遠：我在環島徒步的過程中，常走在僅我一人的省道上，抬頭往前看，一整條路完全見不到前方的任何建築物，很孤單無助，那是很考驗意志力的，總覺得往前望去似無終點，像在原地踏步地一動也不動，此時我總會做個動作，慢慢深呼吸再往回看，然後就發現一件事，其實已經走很遠了，那讓我精神大振，再往前走腳步也會變輕盈。跑馬拉松也是如此，別想著你還有二十公里要跑，

而是回頭看你已經完成一半了。

現實人生是沒有救援投手的：棒球比賽先發再糟總有其他投手來救，真實人生卻沒有，一切要靠自己，一切掌握在自己手中，沒人救得了你。沒有人代你投、代你打、代你跑，就像獨自徒步，要成功，這趟旅程只有靠自己雙腳好好走完。

看著白雲過日子是幸福的：因為路長走得久可以看得更多，一天的時間會拉得很長很長，許多景物像是靜止不動了，你會驚覺原來看著白雲過日子是幸福的，這才是真正的小確幸。

昨天太小，明天太老，今天去做正好：這是最深最深的體會，印象中應該是在台九線往花蓮的路上，接到陳偉殷團隊訊息，他們打算來年做陳偉殷個人形象月曆，希望我能提供幾句激勵人心的話語，突然這句話就跳出來，非常喜歡這簡單幾個字，後來常用在贈書的題字上，或成為演講的題目，它提醒著我，不只行動要即時、愛也要即時，不想讓對母親的愛再成遺憾。

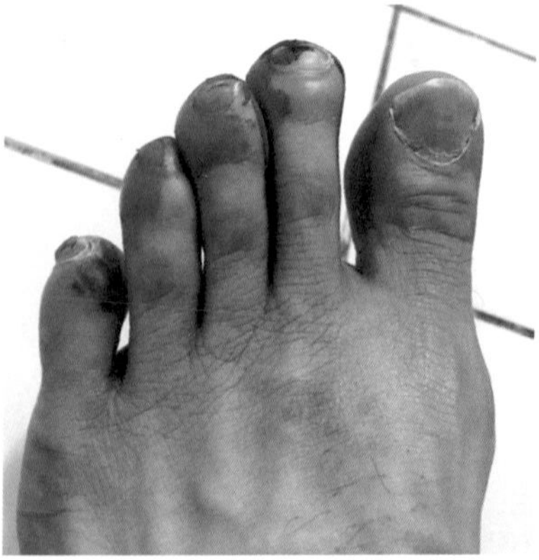

了解目的，設定目標，下定決心

「昨天太小，明天太老，今天去做正好」是不是這幾個字促使我去報名二二六超級鐵人賽？可能是因素，但最大的關鍵應該是自我挑戰，徒步環島算是要完成一個目標，而二二六鐵人賽則是目標挑戰，聽起來像是玩文字遊戲，但我個人認為兩者不太一樣，二二六超鐵我認為自己做得到，徒步環島已經告訴我一件事，只要朝著目標前進，沒有不可能，在這挑戰過程中，年齡是我最不考慮的。

二〇一九年五月當筆電按下那個報名鍵，有種決心要做某件事的勇壯感。其實這件事在心中也擺放一段日子了，如果你跑完了五一．五，又完賽了一一三，那麼二二六就好像有種魔力，它在遠方向你輕輕招手，又似大聲疾呼：快來吧！快來吧！這很像是跑步的過程，先跑了十公里，想再試半馬，過了半馬，就說哪一天我應該要完成全馬吧！如果沒有就顯得有點缺憾。但這樣比喻又好像哪裡不太對，差別應該是完成的難度。半馬到全馬，只多了二十一公里，一一三到二二六可是一下暴增一倍的一百一十三公里，而且是三個項目都跳一倍，光想就讓人打退堂鼓，不少人在思考要不要去挑戰二二六時，都會先盤算著要通過幾場的一一三試鍊、完賽幾場半程超鐵後，才去突破最後那關大魔王。

這樣考量有它的好處，經由不斷的賽事累積、不斷訓練，讓自己比賽經驗更豐富、更強大，成功機會自然更高。我算是一個會想太多、行動相對保守的人。謝文憲送我他的著作《人生準備40％就衝了》，作者本人就是這書的信徒，但我沒他那麼勇敢，我總必須先做好一切準備，沒有百分百至少要有八成才出手。唯獨二二六，我就是很有勇氣去按下那個報名鍵，在此之前我只跑了一次標準三鐵、一次半程超鐵，就這麼一加一次而已。其實跑全馬也是，在完賽全馬之前，就只有一場半馬經驗。

歐巴馬競選總統時只當過一屆的參議員，面對被黨派與遊說團體把持的華盛頓圈子，他將自己相對是個菜鳥這件事，表現得宛如一種優勢，並將他曾為社區做過幹事的經歷，轉化為一個「實地」了解美國民眾的人。以上是引述《奇蹟說服力》這本書，我不是要把自己和歐巴馬類比很厲害的樣子，而是你之前做了什麼，和你最後能不能成功不是那麼正相關，重點是你有沒有那個決心，會不會因為自己以為老了，而停止達成挑戰目標。別讓年齡限制你的想像，再說一次！

沒有太多比賽經驗就按下報名鍵，勇氣十足的是心，但身體可不能就以這樣的狀態去迎接，非得有充足準備不可。

當我用了十八個月的時間去訓練，最後完成了二二六，再回頭去看前次的五一．五及一一三的備戰，其實是很不及格的，能完賽是帶點僥倖成分。尤其是標準三鐵賽，都覺得有點「褻瀆」了比賽，因為比賽前一天我才和蔡承翰教練去台東租了腳踏車，是的，我們完賽是騎租來的車，只差前面沒有菜籃的那種。騎著租來的車在賽道上，可能是剛過了游泳那關心情特別好，然後再看看時間，算算不至於被關門，所以就和

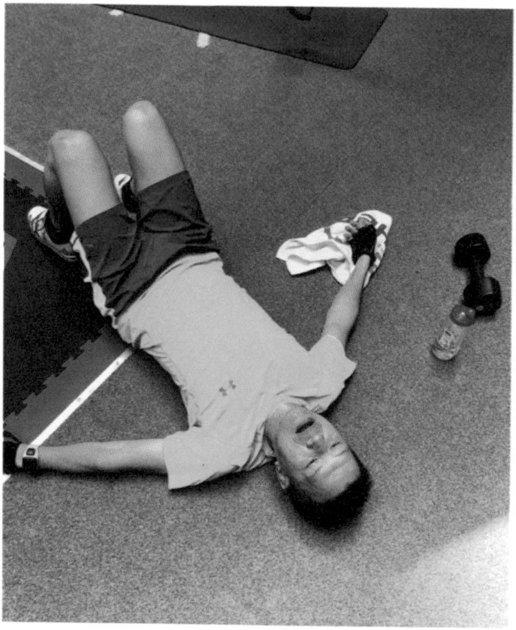

蔡承翰並騎，騎著騎著有人路過居然還和對方聊兩句，一直問不同的人車買多少錢？騎幾年了？然後會加一句「我們車是租來的！」，好像非得消遣別人一下不可，真是要不得的心態啊！

即使五一・五的三鐵賽過了，但我覺得那不是很紮實的過程。兩年後去挑戰一一三，同樣是蔡承翰，而他推坑的講法永遠是「游泳只加了……騎車也多了……一定沒問題的。」不過我很了解，一一三比五一・五多了一倍，不能再輕鬆看待，所以大概在賽前六個月就啟動訓練模式。必須要承認的是，下水一直是我最畏懼的項目，因此花了不少時間在水裡，就是希望在一個半小時的規定時間內游完那一千九百公尺。游泳之外的重點擺在跑步，一週大概兩天時間在加強跑步，最後才是騎車，結果競賽時間最長的自行車，反而是我最忽略的，甚至接近比賽前都沒有外騎幾趟，距離也不夠遠。

另一錯誤是以為比三鐵，所以是三個不同項目，訓練時一直是分開練習，沒有去試想那是連續不間斷要完成，不是比完游泳隔天再騎車，又再過一天才穿鞋跑步，它是一直在進行的，儘管跑過一場標準鐵人賽，但在自己亂練的過程中還是犯下這基本的錯誤，例如從沒有練過轉換跑、在騎完車之後緊接著跑步，沒有去強化這項的訓練，付出的代價就是踏完九十公里近四個小時的自行車踏板，把車放好接著跑步，完全呈現軟腳跑不起來的狀況，一直到兩、三公里後，總還覺得那雙腳不是我的。

當我按下二二六報名鍵，賽事還沒有受到武漢肺炎疫情影響而延期，就代表我差不多有近十二個月的時間來預備。這次可得好好準備，不能像前兩次比賽那樣了。

該如何準備？首先是想先加強肌力訓練，這樣說有點奇怪，其實肌力訓練是我從沒有中斷過的，但要迎接二二六的到來我必須強化它，因為過去接受重訓後，我了解到它的好處，不論是跑馬或一日北高等高強度挑戰，所以需要把重心放在此。

賽前，跟了好多年的蔡承翰教練升官，搞行政工作去了，接手蔡承翰的是他一手帶出來的年輕教練李維宇及林姿瑩。這一男一女的教練都很年輕，林姿瑩甚至比我兒子年紀還小，兩人對跨入這行、成為好的體能訓

練員，都有高度的熱忱，這一點很重要。

我在備戰那段時間就接受著他們的指導。不過在開始時（也包括過去）的訓練，我就是很典型台灣教育下的學生，教練說什麼我就練什麼。就像以前學生時代，老師說什麼我就讀什麼，從沒有自己的意見，反正就一路念下去一路考下去，然後為什麼一定要考大學，也說不出所以然。在考大學前一段時間，認識了住新竹五峰鄉清泉村的原住民朋友，後來也間接認識了在那裡服務超過三十年的丁松青神父，某天我們在他的教堂聊天，丁神父問我在忙什麼？我說準備考大學，接著他問考上之後呢？很簡單的問題就把我問倒了，對啊！考上之後呢？這就是以前的我，只知道做從不問為什麼？

之前的肌力訓練亦是如此，但一段時間後（不知多久）我嘗試去了解每個動作，

為什麼要這樣做？理由在哪？對我有什麼好處？不知當老師或教練的人碰到這樣的學生，會是什麼樣的反應？覺得麻煩？還是認為學生就是要這樣，要懂得問懂得思考。

會想要了解，一方面是過去看傳統的棒球教練，那種「你問那麼多幹麼？跟著練就對了」的態度不是很認同。後來有天和郭泓志聊到肌力訓練，他現在可是台南健身房的老闆，是專業級的指導者，我原本只是問他深蹲的重量多重對我最適合？郭泓志沒有給具體的數字，而是回答說：「要先了解你做深蹲的目的是什麼？每個肌力訓練都要先了解它的目的，還有，是不是只有這個動作能達到同樣目標，有沒有其他方式可以取代。」那天郭泓志講得有點多，不過重點在於上述「目的及訓練目標！」如果你只是想變成巨石強生的外貌，那和要完成二二六就有很大的差異，該怎麼練顯然有很大不同。

我問了李維宇教練，對於二二六的來臨，該如何在肌力上備戰，他說因為思考到有游泳、自行車、路跑三個項目，而且是連續不斷，課表安排重點在於讓我在比賽當天有足夠的肌力可以比完。

針對這項目標，因此每個動作都有它的目的性，舉例來說做單手划船跟地雷管肩推做搭配，是因為游泳需要上半身的力量；後弓箭步或是保加利亞分腿蹲，目的在於平衡左右腳的肌力，避免長時間跑步造成慢性肌腱炎產生；做六角槓的硬舉是因為比較接近跑步的姿勢，降低下背壓力；多做單腳的動作可以加強跑步時的剛性，以免長時間的運動過程中，姿勢變形產生的傷害；另外還有推雪橇及蹲跳跳箱，那是要增加爆發力的重點項目。

講到推雪橇真的超級累人，如果你不知道什麼叫做「舉步維艱」，或許可以去健身房試試，不論來回，每一步伐像綁鉛塊般無比沉重。站在旁邊喊聲的是林姿瑩，每次她說我們上樓去推雪橇，我會故說反話地回「我的最愛來了」，嘴巴說得輕鬆，腳步還是得跨出，我從沒有被其他女教練帶過，不知道別人如何，不過林姿瑩倒讓我想到年輕時大家流傳的一句話，交通違規時千萬別碰到女警，她們完全是公事公辦，套交情、說好話是沒用的，該怎麼處理就怎麼處理。林姿瑩也讓我想到那些女警，就是一整個鐵面無私的按表操課，有一回做完一組訓練，她問「還可以嗎？」我回「行啊！」我口氣真的不該太輕鬆，因為她的下一個動作是左右各加了五公斤。

認真講如果只推雪橇也算還好，但每回上樓可不僅是推雪橇而已，在之前是做

VIPR（一種功能性訓練器材）六、五公斤各五組二十次。跳箱來回十五次各五組、無動力跑步機四組衝刺二十秒，最後才是推那該死的雪橇，四個項目連續做，中間完全不能停，別忘了上樓做這些動作前還有其他課表，我去翻閱過去訓練日誌，拉雪橇的那天，還做了八十公斤架上硬舉，三組各十下。地雷管肩推七．五公斤四組各十二次。四十五公斤的俯身划船四組各八次，保加利亞深蹲十六公斤，四組各八下。什麼叫做「操得你半死」，這就是了。

該週另一天的肌力課表則是，史密斯弓箭步二十公斤十五下、單臂划船十二公斤十二下、六角槓硬舉四十公斤二十下、單臂肩推六公斤十二下、平板划船四公斤二十下，以上皆是各四組。這些都是肌力訓練的部分課表，不包括超出體重的深蹲重量及硬舉，還有核心訓練，要撐完這些課

表並不容易，但我從沒有打過折扣，相信任何帶我的教練都沒有話說，有時，他們一邊看著我的動作，還會和其他健身房會員說「你知道他幾歲了？」顯然覺得教出我這樣學生很得意，在那裡我也算是個正面活教材。

不過，對三鐵賽來說，肌力訓練只是打底的基本功而已，專項備戰才是困難的，這當中沒有一項是簡單的。

先講我認為最困難的部分：游泳。雖然不止我一人對游泳感到畏懼，對那踩不到底的水域感到不安，三鐵每個階段往前挑戰，就代表游泳距離要拉長，從一千五百、一千九百到三千八百公尺一路加；在考慮要不要報名時，游泳總是那個讓我下不了決心的項目，因為只會蛙式的我，一旦距離拉長，如果用相同泳姿既費時又費力。過去也不是沒學過自由式，但就是學不好，這絕不是老師的錯，是學生太笨了。

所以前兩次三鐵都是蛙式從頭游到尾，標鐵那次甚至蛙式還游不太好，記得一千五百公尺的來回，根本是貴賓狗似地掙扎前進著，氣人的是拉我去報名的蔡承翰教練，某段還是用仰式慢慢漂，一邊漂還可以一邊和另一位教練聊天，即使這樣他們速度還能跟我一樣，我知道他們是在「保護」掙扎中的我，但聽著他們談笑風生，真的很想對他們說「你們要不要順便吃點早餐？」因為實在游太慢了，有段時間救生員還一直關心地問「還好吧？」「有沒有問題？」最後還是很堅持游完，活著上岸。

到了一一三那次，蛙式已經進步很多了，而且比賽只比之前的標鐵多了四百公尺的游泳距離，所以這回很順地游完，但重點還是在於蛙式要用腳從頭到尾一直踢。雖然可以游全程，可是也耗了不少腿力，接著還有九十公里的自行車及半馬等著，這兩項更是非得靠腳不可，所以最後能完賽不但超累，還多花了不少時間，事實上，距離終點差不多兩公里左右，右腿還一度大抽筋，最後是一拐一拐地進入鐵花村終點站。

這回二二六多了一倍的游泳長度，就真的不能再用同一招應付過去了，更何況等著我的是更

長的騎車，更遠的跑步。

「要好好練自由式」，如果不是報了二二六可能也不會下如此決心。可能就是要學好的企圖心很強，這次很快上手，重新學了一個多月後很快進入狀況，為什麼以前一直游不起來實在不懂，想想是沒有耐心吧！就覺得沒學好也沒關係，反正蛙式還能應付。但這次是退無可退了，不知有沒有人在二二六用蛙式游完那接近四公里的長度，但我不想當其中一位，相信即使用蛙式可游完，不要說最後的全馬，一百八十公里腳踏車應該無法完成的。

我很高興過去困擾我的自由式游得起來，不過好像也高興早了點。雖然會游，但沒有和教練好好繼續下去，就急著自己練，最後是手好像划得還行，腳就踢得亂七八糟，這樣的結果是完全達不到藉由自由式省時省力的效果。此時，我很掙扎一件事，要不要再找一位教練打掉重練？最後離比賽還剩下差不多四個月左右，我心想再一直考慮就沒有時間了，此外，一直想找位專業的三鐵教練幫我安排最後一百天的衝刺課表，所以要不要畢其功於一役？一次解決兩件事？

最後下定決心了！

進步，來自於持續累積的努力

要推薦一位好的三鐵教練，我身邊沒有人比侯以理更適合了。

講到侯以理，應該是三鐵界無人不知的一號人物，不過我初見她不是在比賽場地，而是在棒球場，那是FOX體育台員工的聯誼活動，同事介紹我認識她，還有另一位新人董觀僑。看到她們兩人，我心裡只有一個感想，為什麼這麼大規模的海選主播，最後選到這兩個，男的像竹竿瘦長，女的像小鳥嬌小。過了一段時間我才發現大錯特錯，經過電視人專業眼光挑選進來，他們能幹掉幾百人，真的不一樣，不但在螢幕前就是標準的俊男美女，體育專業及播報風格、口條更沒話說。

初見面並不知道那麼多，只記得同事介紹侯以理時說了句「她常去國外比三鐵」，這就是侯以理，一個與三鐵連結很深的女孩子。之後，比較多的互動之後，我常笑她是專業三鐵選手兼體育主播，雖是玩笑話，但她對三鐵訓練投入的精力及時間（還有金錢），讓我佩服不已，儘管年紀可能只有我的一半，卻成為我在運動訓練上諮詢的對象，以及追逐的目標。雖不是職業運動員，但她花在上面的時間及比賽經驗也快差不多了，所以常會問她該如何練。侯以理不僅提供很多建議，也常提醒我休息和訓練一樣重要。不論是跑馬或三鐵，剛開始接觸的人都有個共同毛病，都怕練不夠，以致常常超出身體的負荷而導致受傷。因此侯以理很重視這一點，不斷告訴我記得休息及放鬆。

侯以理玩三鐵多年，在

這一圈混了這麼久想必認識不少人，要找好教練請她推薦準沒錯，她很快回訊息給了一個名字：楊志祥。

第一次和楊志祥教練見面是約在他工作的場所，很有說服力的外表是楊教練給人的第一印象。沒想到的是，我對當過國手的楊志祥名字不熟，但他反而記得我；不是知道我，是「記得我」，因為之前在比一一三時，我游完泳上腳踏車，才騎沒多久慘事便發生，車子居然爆胎了，心想練了半天結果是這樣，真是天亡我也。沒有備胎事實上也不會換胎的我，就只能站在路邊看著時間一分一秒過去，如果最後就這樣結束賽事，也只能說是天意了。就在我幾乎絕望時，天使出現了，巡邏的賽事工作人員見到無助的我，問清原因後立刻幫我換胎，我像重生般只能一邊道謝一邊快速上車，我完全沒有記住救命恩人的長相樣貌，結果，那個人居然就是楊教練，如果不是他主動提起，這輩子永遠都不會知道這個曾在賽道上救過我的人。

人生真的很奇妙，幾年前幫我換胎的大恩人，現在可能又要「救」我一次，讓我的泳技更精進。剛碰面簡單聊幾句（包括他回憶起幫我換胎之事）後，我們很快地根據我的需求做溝通，也很快訂下上課時間。為什麼要強調很快訂下上課時間？因為

那代表我的心態，我好像很急著快一點把游泳再學好，總是認為時間不站在我這邊，不快點學好，比賽就到了。偏偏楊志祥是個很嚴謹的教練，第一天上課就把我當成是完全不會的初學者，然後接下來每週一到兩個小時，就是不斷重複基本動作，老實說，我練得心有點不安，一直問他時間真的來得及嗎？他總是老神在在地說：「沒問題的。」

楊志祥不知哪裡來的信心，但我自己是沒有的，從跟他重新練游泳開始，我覺得自己好像每天都泡在水裡，花了大量的時間在游池中。即使早上有轉播工作也不例外，八點的大聯盟播報，我上午六點前人就在北安國中室內游泳池；有時是做完節目，趕到內湖運動中心再去練一下，這些時段我常和一群阿公、阿嬤（我自己也算是阿公級）一起右去左回。別小看這些阿公、阿嬤，很讓人佩服的，他們游泳的姿態千奇百怪，但共同的是都很悠閒。有一位不知幾歲的阿公，游的時候手腳都不怎麼動，但人就是浮得起來，雖然沒有快速移動，就是會前進，每回看到他，總是心想他是條魚吧！怎麼能夠在水中如此怡然自得，這應該就是我或是游不好的人的共同毛病，在水中無法放鬆。

我真的就是那種在水中無法放鬆，所以一直學不好自由式的人，不過在教學及訓練的過程中，針對我的不安情緒，楊志祥有時會跟我說，當你一直練，之後有天就會突然開竅，有時心裡難免會存疑「是真的嗎？」，後來那一天真的到來了，雖然是穿防寒衣訓練，因為浮力較大腳可以自然擺動，總之，就是有被打開任督二脈的暢通感。

會開竅還是跟大量練習有關，工作之餘仍找出時間練，即使當天只有跑步或騎車的課表，我自己還是會加練游泳。然後從一千公尺、兩千公尺，到十月初已經練到一個小時二十分內游完三千公尺，這時才算是比較安心、比較踏實，不會有第一關就沒過什麼都免談的不安。在這過程中太太一直是我最佳的陪練員，應該說不只是游泳，其他單項她都在身旁，因為多數時間都在旁邊一起游，久了池邊的救生員都認識我們這對夫妻，當然太太沒有游我這麼長的時間，有一回她照例先起來，做完SPA之後，救生員見到我還在池中不斷來回，就忍不住問了我太太一句「你先生什麼時候會上來？」回到家太太講了這段給我聽，我們都覺得十分有趣，可能救生員不是怕我出什麼意外，而是他當班以來，都沒見過有人下水後可以持續不停一直游的吧！

楊志祥教練對我游泳進階幫助很大，不過我能完成二二六，他對我更大的助益在於訓練課表的安排及督促。在楊教練安排課表之前，這三項的訓練我都不知道自己該屬於有計畫還是沒計畫的。有計畫是指看網上別人的分享文，侯以理也曾轉寄些資料給我，例如六個月前每星期要游兩個小時、跑兩個小時、長距離騎二到三個小時，一路累加到三個月前，每週要八個小時騎車、三個小時游泳等。很明確範本擺在那裡讓我遵循，好像是有計畫的訓練，但常到最後又變成沒計畫的執行，是因為人總難免會「善待」自己，我有時也不例外，譬如長距離外騎三個小時，我也是照著

騎完一百八十分鐘，不過這中間的速度及距離都是不及格的，簡直像在河濱公園騎開心的，所以那僅是騎「心理作用」、安慰自己的，對拉高身體強度沒什麼太大幫助。

另一個「亂練」是自己想練什麼就練什麼，有時心血來潮，人家說不能一天只練一種，我就一天練兩樣，有時跑步加自行車，有時跑步加游泳，或游泳加肌力訓練，標準是什麼？自己完全不知道，想到什麼就練什麼，甚至有一天練三項的紀錄，那時是這樣搞的，就按比賽方式模擬，先在健身房游泳池游一個小時，結束換裝去騎一個小時飛輪，接著再跑六十分鐘的跑步機，有沒有效果？相信一定有的，至少體耐力應該變強吧！我想。

另一種是不是有效果我就不確定，就是找一些比賽來「以賽代訓」。在備戰那段時間我騎過「一日北高」、跑過金門馬及田中馬。先說一日北高好了，以前看柯文哲選市長騎北高一日，就覺得那也太不可思議了吧！結果自己有天也完成了，沒有不可能，再說一次。

騎一日北高前我才剛學會上卡鞋不久，因為要騎得久、騎得更有效率，看起來勢必得穿上卡鞋不可了。一一三那趟九十公里自行車我是沒穿卡鞋完成的，但這回說什麼都要在裝備上有所改變才行。關於卡鞋的傳說，最有名的就是那

句「上卡摔三次」，我好像摔了不止三次，光是從台北騎到高雄那回，途中就不止一次連車帶人摔在地上。會摔倒很簡單一句話就是「忘了」，忘了鞋是卡在車上，不論是幾歲學會騎車的人，已足夠讓你留下一個習慣，要停車腳就自然放下，但穿卡鞋卻要多一個脫卡的動作，就因為常忘了，然後人就會像十二點鐘的指針一下被快調到三點鐘，「碰！」一聲重摔在地上了。

北高那次的摔車，除了卡鞋，就是強大側風所致。在經過台中、彰化段時遭遇到大側風，沒有經驗的我，一時緊張就放慢車速，然後強風從旁吹襲，車身倒向一側瞬間也忘了脫卡鞋，於是乎就倒在路旁，而且不止一次，看得一旁陪騎的友人劉祖寧驚嚇不已。兩次倒地後，儘管摔得不輕，但我很快地重新踩上踏板再度出發，這讓劉祖寧佩服不已，而我自己好像覺得沒什麼，「爬起來比跌倒多一次，你就成功了」我是這麼相信的。

找對教練，關鍵仍在自己

跌倒再爬起來很勇敢，如果有人適時扶一把更好。賽事即將來臨前的四個月，楊志祥教練的課程安排無比重要。

《刻意練習》這本書提到，所謂的「一萬小時定律」並不正確，要達到完美結果所需的時間因領域不同而有所差異。要達到刻意練習的成功關鍵除了高目標之外，是要找到對的教練。

書中提到好的教練對你的幫助是：

一、找出你希望改進的特定技能或能力。

二、為了改進你的技術而設計的課表。

三、監控和追蹤你的進展。

四、一起合作找出更上層樓的方法。

五、根據訓練者的回饋意見找出弱點。

很慶幸我找對了教練。之前蔡承翰他們的肌力訓練，到現在楊志祥的指導都是。

八月八日那天，楊志祥教練排給我的單週課表內容是：星期一休息；星期二肌力訓練加游泳五十公尺自由式、五十公尺蛙式六組、每一百公尺休息二十秒，接著七十五公尺自由式加二十五公尺蛙式六組 、每一百公尺休息二十五秒，然後持續游四百公尺；星期三跑步練習，先用七分速跑十分鐘熱身、做十分鐘伸展操，用五分速跑兩分鐘，加到七分速跑三分鐘共六趟，最後輕鬆慢跑二十分鐘；星期四單車練習，輕鬆熱身騎十五分鐘，緊接著騎五分鐘讓心跳高於一百四十五，加五分鐘輕鬆騎共四次、輕鬆緩和騎五分鐘，騎完後要再輕鬆跑三十分鐘；星期五游泳課程訓練加肌力訓練；星期六長距離騎乘三個小時，均速在時速二十六公里以上；星期天長距離跑十五公里，跑完步游泳三十分鐘。

洋洋灑灑一份單週課表，看起來就是很專業，這是第一感想；第二感想是內容看起來也還好，不會很硬，殊不知我簡直是個「不知死活」的傢伙，因為好戲在後頭。到了十月，光是外騎的距離已經拉到一百五十公里還加轉換跑四十分鐘，跑步距離則是快接近全馬的三十公里，游泳要求到了三千公尺，這是週五、六、日三天的強度，還有週間的間歇跑、室內單車訓練、游泳衝刺課表。別忘了，肌力訓練依然不能免。

過去常有機會採訪職棒春訓，那時我站在旁邊，看著選手來來回回跑動著，我是個觀察者、記錄者，知道他們為了即將來臨的賽事備戰，看起來很累，但到底多累不是很能體會，這下我真的親自感受到了，雖然晚了十幾年。

每個運動項目要求不同，但我自己覺得能完成教練開的課表，是一點也不輸給職業球員的。有一回遇到統一獅教練高志鋼，好奇地問他「你們最累的肌耐力訓練是什麼？」他就叭啦叭啦說了一下，當時心想「那也還好」，但嘴巴可不敢說，免得人家說你在臭屁什麼；更何況他們在棒球技術上是我永遠別想趕上的，這輩子不可能，下輩子也是。

我不止一次跟太太提到，先不說自己之前練的，光是從八月中旬到比賽前能吞下楊教練開的課表，不用等比賽那天，我已經證明自己是個鐵人無誤了。那是體力、耐力加意志力的考驗。

這些考驗中最難的是什麼？首選是轉換跑。大概是從單車外騎九十公里開始吧！課表就加了轉換跑，也就是一結束騎車就得馬上換跑鞋，去跑至少四十分鐘的路線，即使到了單日一百五十公里時照樣不能免。一天單趟九十公里起跳且不能休息的訓練，本就不容易了，還要加跑一長段路是很挑戰的。一開始我是把跑鞋放在車子座墊後的袋中，騎完車就直接換鞋再上，但後來為了成績換了台價值不菲的新車，車行老板慎重提醒，別把這麼好的車隨便放在河濱，所以我得換成另一模式，先把車騎回家再換鞋。大考驗就在這裡，當你回到家，冷氣一吹、飲料一喝，再看到外面日頭那麼大，真的真的很不想再動了，但是，好像沒有但是，就是得硬著千百個不願意的心跨出家門，是你自己要比二二六的，不是嗎？

第二難的還是和騎車有關，就是在又冷又濕的天氣要出門騎車。結束了二二六後的某個週末，清晨起床望見窗外的雨，氣溫十度，心想「之前到底是怎麼有辦法完成那些訓練的？」自己真的很難相信，但事實就是每一次都騎完，不論天氣如何。

教練規定要騎百公里以上的距離，所以已經很難再從家門前的河濱路段辦到，因此改成從永和沿河堤到大稻埕碼頭、關渡、三芝，再到金山來回。每週末我就好像是打卡的上族，固定出現在這一條路上，久了，路邊有哪些景物、小店都快背起來了。如果要達到訓練目的，這是很有效的一段路，從關渡上登輝大道後就是好幾段起伏的坡，不是那麼好騎，更難的是逆風而行，東北季風下的北台灣，每往前踏都有一股大自然的力量將你往後推，到了萬里、金山海邊，那股力量加上海風，會讓你覺得即使騎摩托車也很難前進，我是人力踩踏，那痛苦可想而知，修養再好的人三字經也會飆出口的。

課表不僅是距離的完成，還要速度達標。為了騎到要求的均速，不管是什麼樣的地型、天候，你就是不能休息的奮力踩。有多少次途中很想停下小憩，即使一會兒都好，那些小七、那些茶飲店，那些看來燈光美氣氛佳的咖啡店如此誘人，牙一咬還是忍著衝過去，再會吧！無緣的店。

這是身體在面對訓練時受到的挑戰，心的挑戰也不小。之前我從未在耐力型的賽事中碰到所謂的「撞牆期」，但長期高強度訓練反而是碰到了。原本要在四月舉行的比賽，因為疫情影響改到十一月，聽到這消息，感覺準備要衝刺的身體突然冷了下來，就很不想再動了。那時私訊給陳偉殷，問他該如何調整？他給的建議很簡單就是先休息，因為身體其實已經開始疲勞了而不自知，所以聽到比賽暫時不舉行了，要再拉強度不太可能。他建議先停機一段時間，然後再從正式比賽時間倒推回來，慢慢把訓練強度拉高。

第二次是真的碰到一堵大牆了，差不多是九月底十月初，那時訓練強度已經拉高了。其實算算時間，從自己開始練加找教練按表操課已超過一年，四百多天的訓練下，心理有點彈性疲乏，而白天主要的工作大聯盟轉播，又碰到季後賽開始，那是每年最繁重的時期。那段日子，轉播前主播不論是常富寧或是田鴻魁，都會關心問「今天要練什麼？」我總是趴在筆記電腦上慘叫「天啊！我好累、不想練了。」然後他們就回我一笑，尤其練馬拉松也很勤的田鴻魁應該很了解我的心情。工作加訓練兩頭燒的結果，就是不想面對訓練了（工作一定是第一要務），非常希望隔天就趕快比賽，沒過關也沒有關係，只想早點結束這件事。很難去形容那段時間不太想練的心理狀態，總之，真的就像有東西擋住你，考驗你如何推倒它，所以從自己身上

就聯想到那些白天時間無法自主的上班族朋友們，真的超級超級佩服他們，白天那麼累還能找空檔練三鐵，超強的！

最後能跨過去那堵不想再練的高牆，真的要感謝我太太，一直鼓勵再加油，雖然她不能代我跑、騎、游，但家人的加油聲是最大的能量來源。

有經驗的楊教練也很了解訓練課表不可能從頭緊到底，每幾週後也有適時的放鬆，這一點也很重要。不過該鬆的時候要鬆，該嚴的時候楊教練一點也不馬虎。國際足總金球獎二〇一〇年度最佳總教練的荷西・穆里尼奧（José Mourinho）曾說過一句話：「好人拿不到冠軍」。意思不是說拿第一都是壞人，而是要不留情地訓練及面對比賽，楊志祥教練是個好人，也是個暖男。不過呢！訓練上他應該也是穆里尼奧級的。

在不止一次的訓練過程中，我明示暗示「提醒」他，課程能不能放一點水，或標準低一點，但沒什麼用，他還是那麼地鐵面無私。

我們兩很典型的對話是：

「三芝那段路好多坡！」

「比賽也有很多坡啊！」

「北海逆風好難騎！」

「比賽逆風更大，你要適應！」

「轉換跑都跑不起來！」

「要逼自己一定要做到！」

身處在這科技時代，我們享受它帶來的便利，但它也常讓我們「無所遁形」，我穿戴的運動錶和楊教練同廠牌，我們用同一個訓練App，上面有每日課表。然後呢？他就在上頭很清楚地觀測到我訓練的內容，到底有沒有照課表騎完一百多公里及跑完該跑的距離，中間有沒有偷休息、速度如何？一目了然，換句話說，想混是不太可能的。

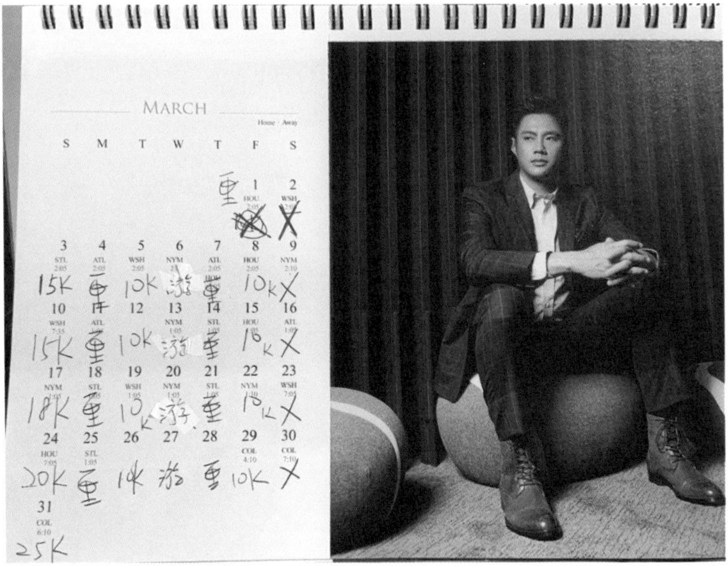

人性是傾向讓自己處在一個舒適的位置之中，訓練過程有人監控、要求，是完成每一訓練步驟的因素之一，不過最大關鍵還是自己本身，要想方設法地撐完這麼長的訓練。

我要為不能跑的人而跑

如果二〇二六超級鐵人賽是給予兩塊獎牌，完成訓練一塊、跑完賽事再給一塊，那麼還沒有在十一月十四日下水比賽前，我已經先拿一塊了。分析起來，能撐完這些強度不算小的課表，是幾個因素加總起來的結果。

一、**良好的生活習慣**：在朋友圈中，我是出了名生活習慣好的人，不菸不酒早睡早起，晚上十點到十一點之間必定入睡，八個小時後就起床。擁有良好睡眠很重要，尤其是運動員。在《運動健護全書》中提到網球名將羅傑．費德勒（Roger Federer），二〇一七年他以三十五歲高齡拿下四大賽冠軍，且還不止一座，他不是找到什麼回春祕方，而是睡得更多、睡得更好，就這麼簡單。書中也提到，睡眠對免疫系統影響很大，睡眠品質差的人感冒風險會增加四到五倍，而每晚睡眠時數若少於七個小時，風險則會增加三倍，可見睡好覺的重要性。我屬於睡得很好的人，而且是能很快入睡的人，曾和常富寧一起去美國看大聯盟春訓，一趟路下來，他的最大心得是「沒看過這麼好睡且隨時能睡的人」。是不是因為好睡很容易睡著，所以我是個旅行完全沒有時差的人？這一點很讓朋友嘖嘖稱奇，去美國或二〇〇四年希臘雅典奧運，在飛機上狂睡後抵達目的地，到了當地晚上時間照睡不誤，什麼是時差？沒聽過！還有，我又要重提徒步環島之事，能夠順利完成也歸功於早睡的習慣，因為能早睡又能早起，可以早點出發就能趕在天黑之前到達目的地，如果平日沒有這樣作息，晚上睡不著，白天又要一早趕路，那是非常辛苦的。不少訓練師及書籍會強調睡眠及休息的重要性，這的確是真的。

二、高度意志力：耐力型的比賽很需要意志力支撐，但意志力不是比賽那天，而是從訓練就已經開始了。某天我在臉書不經意貼上一則我全年都洗冷水澡的文章，沒想到引起大轟動，尤其當時台北氣溫不到十度，對絕大多數人而言簡直不可思議，但我真的就是三百六十五天都不洗熱水。會洗冷水是看到資料說這樣有強化免疫系統、加速脂肪燃燒速度、防肌肉疼痛等諸多好處，就試著做看看。剛開始不太適應，一天天增加後好像也沒那麼難，最後就成了習慣了。當初會洗冷水澡是因為它有好處，只是沒想到伴隨而來的優點還有培養意志力。夏天運動後沖沖冷水澡很舒服，但冬天，在懶得動又碰到濕冷超低的氣溫，光走進浴室就要有很強的心志，接著拉起蓮蓬頭深呼吸讓冰水往身上沖，那可是要很有勇氣，還有意志力。培養意志力也包括前述的早睡習慣，要早睡其實要比早起難，早起可以靠鬧鐘，早睡就要靠個人毅力了，我是個不論什麼情況，時間到都會上床的人，即使多好看的影集，我能立刻中斷關掉電視準備就寢。

三、享受訓練過程：這有點難，我是到了訓練後期才有點體會，尤其是在看了《正念跑步》這本書後。我一直有睡前靜坐的習慣，那能讓我紓壓及適時放鬆，幫助睡眠應該也是有的，後來無

意問發現此書，它是從冥想的角度去看跑步這件事，能助我們擺脫跑步中的不適及苦痛。在靜坐的過程中，即使大師級的人物，也難免會被雜亂的思緒影響，這些干擾的情緒可能是白天的工作、課業的壓力等念頭來來去去，所以你要做的就是重新調整情緒，讓心平靜下來。跑步也是一樣，尤其在起步沒多久，會覺得冷，會覺得喘，不過你可以告訴自己不會一直都這樣，就像一早起床心情很糟，那也不可能一整天都如此。

還有「試著跟自己對話」，書中說「正念跑步是指在跑步時安住當下，連結呼吸與感知，享受身體的移動，不受任何比賽結果、時間或其他感覺的影響。專注在呼吸和身體的起伏上，讓想法、感覺和情緒出現，但不試著驅趕它們，保持好奇心，練習與它們自在共處，就是這麼簡單。」而神經學家亞卓安則說「在艱難的跑步過程中，與身體不適感共處的能力，讓我對大腦在痛苦不適時所做的事澈底改觀，大腦要學會跳出你的身體進行觀察。」我把這個觀念帶進訓練中，在跑了十幾、二十幾公里後，身體開始累了、痛了，我會對自己說「現在是哪裡不舒服？是左腳？還是右腳？現在痠痛不就代表有訓練到？」這種對話是有用的，當我們苦與痛時，如果一直專注在那上頭，只是讓你更累更難受而已。不只是跑步，長距離的游泳騎車道理都相同。

四、按摩放鬆：休息也是訓練的一部分，我固定在週一休息，不過並非是純休息，而是找按摩師放鬆，不論是金錢或時間都很值得投資，因為那是有用的，否則因訓練而緊繃的四肢沒有放鬆，很容易受傷。一旦受傷訓練就要中止，那是最令人害怕之事，如果訓練中斷也就算了，最怕的是練了半天卻因為身體狀況而無法上場，一身武藝卻無用武之地，這就是為什麼那麼多的職業運動員，在每年賽季前談到該年目標時，都把身體健康列為第一，沒有好的身體一切免談，不能上場比賽就影響成績，沒有成績就沒有本錢去談更好的合約。

一九九三年我去日本採訪當年總冠軍戰，就曾在賽前看到，當天先發投手郭泰源接受來自上海的按摩師做放鬆動作，足見頂尖運動員這方面不能少。只不過「按摩放鬆」這四個字看起來很輕鬆愉快，實際做真的會讓人慘叫連連，說多痛就有多痛，尤其我固定找的按摩師，感覺就是以客人哀號的音量來做為功力的展現，不知情的人還以為發生了什麼事。休息是訓練的一部分，按摩也是，雖然常呈現出面目猙獰的慘狀，我也把這部分當「訓練」撐過去，而不是請求師傅手下留情，所以我從訓練到比賽結束，沒有一天受過傷，部分原因得歸功於按摩的效果。

五、**觀看激勵人心的事物**：我是個記錄片愛好者，而且不限於運動類型，很喜歡記錄片那種沒有太特意加工的真實感。但說到對激勵自己有所助益的話，那麼看看挑戰極限的記錄片是有用的，例如《垂直九十度的熱血人生》主人翁湯米．考德威爾（Tommy Caldwell），在不小心斷了食指、眾人認為不可能再從事攀岩運動情況下，以十九天的時間，自由攀登垂直距離近三千尺的優勝美地酋長岩「黎明之牆」。還有一部《寰宇競賽之旅》提到義大利佛羅倫斯近五百年歷史的傳統競技，一種結合了橄欖球與綜合格鬥，稱之為「古典足球」的運動。嚴格說來這是相當暴力的運動，影片中的參賽者面對外界，沒有名沒有利卻要冒著頭破血流的質疑，一概的回答就是「想要達成勝利」而已。這很像馬拉松或三鐵，也常面對「究竟為什麼自找苦吃」的疑問，說再多也只有自己心裡清楚，更何況這些記錄片的主人翁，他們訓練時所面對的苦與累是我們的數倍，會讓人覺得和他們比起來自己算什麼，那很激勵我往前。

觀影中人能激勵我，現實生活中更不乏這樣的能量。像那位即使明天就倒下，今天仍要精采活的巫以欣。罹患先天罕見疾病尼曼匹克症的巫以欣，幾乎不能說話、無法吞嚥、行走要靠人扶持，又常會被口水嗆到，但面對不斷退化的身體與變調的生命，她仍用天使般的微笑回報世界。更令人動容的是即使如此的身體狀況，她依然堅持完成碩士學位。我和太太前往真理大學看她的畫展，正好是她口試的當天，看著已不能語言、靠著爸媽代答的她，我簡直淚崩了。有沒有比巫家雙親、巫以欣還偉大的，兩個小孩都得了相同的病，但接連的打擊沒有打倒巫家，反而把握當下，堅持活著的每一天都要精彩。加州大學戴維斯分校的教授羅伯・艾曼斯（Robert Emmons）同時也是《正向心理學期刊》的總編輯，他的研究顯示，感恩會增強你的免疫系統、緩解疼痛、降低血壓等好處。如果你純粹因為有機會跑步、有能力跑步而心存感激，你的內在空間就打開了。

離開巫以欣的畫展，我認真的告訴自己，要為不能跑的人而跑。

可以焦慮，但不能從頭緊張到底

二〇二〇年十一月十四日終於迎來這一天了！從開始報名的那一刻起就等著這天的到來，但愈接近這個時間點就愈焦慮不安，不僅是這一次二二六，每次比賽都不例外，我總緊張地胡思亂想，甚至身體一點點微恙都懷疑自己受傷。臨賽前緊張是在所難免，《前面有什麼》這本以滅火器樂團為主人翁的小說描寫到，高中時代滅火器第一次上台表演，大家緊張得要死，不知誰想出了在手掌心上寫個「人」字吞下就能克服不安的有趣往事。趙士強曾跟我說過，一九八四年洛杉磯奧運棒球賽，開打前全隊幾乎每個人都一直跑廁所尿尿，但又尿不出來，實在是太緊張所致。

賽前會「吣吣掣」是自然的，我在想那些職業選手是不是不一樣？尤其領超高薪的菁英球員，他們的心理素質肯定超強，那些大選手、身經百戰之人，應該會跟我們普通人不一樣吧！結果一問之下他們也都是人，和我們沒什麼差異。郭泰源跟我提到，他不是季後賽才緊張難安，而是每場先發前都如此，想東想西很難入眠，最後還得靠一點酒精催化才能勉強入睡。據說郭源治還在擔任先發時，上投手丘前一、兩天會緊張到高燒，陳偉殷也一樣會在先發前不安，但他們共同的看法都是你絕不能從頭緊張到底，如果職棒投手投了第一球之後還在不安，那絕對不是好投手。陳偉殷另外強調，第一球絕對要投到自己想要的位置，那會降低緊張感。

我從一、兩個月前就焦慮，我知道會焦慮是因為在乎，尤其練那麼久，所以很難擺脫那不安感，這種緊張焦慮在賽前一晚到達高峰。我大概九點就躺上床，因為隔天早上三點就要起來，對每天差不多十點睡覺的我而言不算太早睡。睡前和太太通了電話，她依然安慰我不要緊張、一定可以的。我聽過別人轉述家人各種版本的安慰話語，其中還有老婆跟老公說「家裡孩子還小，記得活著回來！」不論說什麼，賽前聽聽家人聲音總是很棒的事（感覺要從容就義）。

聽完老婆聲音後接著我做了一件事，把過去這幾個月訓練的苦與累都在筆記本上一一寫下，連按摩哎哎叫的記憶也有，還有為了二二六比賽到底花了多少錢，也一筆筆試著謄寫。目的是什麼？要提醒自己走到這一步是不容易的，想要激發自己的鬥志，明天奮力一戰。但和老婆說完電話、寫完筆記，躺上床後還是無法入睡，就這樣翻來覆去，古詩上說「無奈夜長人不寐，數聲和月到簾櫳」，差不多就是這樣了。最後是幾點睡著的已經不知道了，唯一知道的是鬧鐘準時在三點把我吵醒，那是第一個「鬧鐘」，怕睡過頭我手機設了三次提醒時間，但第一聲響後哪敢再倒下，基本上我是跳著起床的，一個鬧鐘就夠了。

下榻的飯店與主辦單位有合作，所以三點多即供餐，餐廳好熱鬧，每個人都帶點睡意、帶點不安又期待的表情，雖然彼此不認識，但取餐時也都點頭問候，算是完成等會兒一起加油的儀式。用餐後蔡承翰教練用機車帶我到比賽現場。

我並非現在才看到比賽場地，為了慎重起見，其實前兩天我就已到台東了，蔡承翰陪著我去完成報到、寄車、寄物等一切手續，接著我們找了家咖啡店小聊了一下，期間有人客氣地先問候我是不是某某人，確定後才熱情地要我在他的風衣外套上簽名，因為他長久以來就是個棒球迷，很愛聽我的球賽轉播。雖然是碰到粉絲要簽名，這不是首次也絕不會是最後一回，但我有點猶豫，簽了不就代表這衣服不能再穿？不過他很堅持我也就不好拒絕。看他的年紀和我差不多，外形卻比我更精實，一副練家子的樣子，問起來才知道原來他明天也是鐵人參賽者，而且是二二六同組的，

也就是說我們都是六十到六十四歲這個組別的，這一說突然親切起來，彼此之間有那種雖然被外界視為老人，但活得比任何人健康且快樂的感覺，很難形容的，人生在此一階段，卻仍然活力十足的滿足感。

喝完咖啡後和蔡承翰再去餐廳「肝醣超補」一番，對天發誓這輩子沒吃過這麼大盤這麼多的義大利麵還有麵包，吞下最後一口麵食後，肚子鼓脹出一個小山丘，我猜以當時凸出的肚子應該不用游就可以浮得起來吧！

搞怪地亂想是沒有用的，比賽還是得真的去游，而且還要先試游一下。好佳哉在有賽前這一次試游，以前比三鐵賽從沒有賽前試游過，理由是什麼忘了，可能是前一天才到台東根本沒時間練。總之賽前沒練習也是過關，這次本想比照辦理，不過比賽前兩週聽了三鐵好手張團畯的分享會，以他的經驗提醒大家賽前一定要去現場試游，然後過程中要做到一件事：無論如何都不能停，尤其在最後全馬的跑步。

這兩點真的太受用了，如果不試游我根本不知道十一月天的台東湖水竟是如此冰冷，雖然穿了防寒衣，剛下水還是冷到哭夭，游不到五十公尺我就上堤防邊哆嗦了，心裡只有一個念頭，要死了，我怎麼可能游得完。一整年都洗冷水澡的我還是無法適應這種凍感，對著另一頭在岸上看的蔡承翰雙手比了╳的手勢。站在堤防邊上不知多久，我逼自己再試一次，這一回適應了點水溫，還是好冷好冷，不過至少多游了幾十公

尺。回到岸上我決定重回湖裡，這一次就好非常多，「一回生二回熟」這句話此時應該改成「一回冰二回冷三回暖」，第三次下水適應水溫後，就比較像在游泳池的自在感，大概游了三、四百公尺吧！總算比較安心的結束了。

上岸後遇到了另一位三鐵好手謝昇諺，他帶學生也來參賽。跟他熱情打完招呼後，向他請教了一下隔天如何在第一關游完近四公里的策略。謝昇諺建議如果不是要拚速度，而且對自己前進方向沒有什麼把握，可以沿著堤防邊游，有個標的物在旁，游起自由式比較有方向感。「好！」我謹記在心，比賽就這樣游吧！

就這樣游吧！即使已經賽前一天了，還是有訓練要完成。一直以為比賽前幾天甚至前一週就能完全休息，結果並不是，楊志祥教練依然排了課表，而且三項都要練，只不過量沒有那麼重。去活水湖試游算是完成其中一項，但比賽車寄放在現場，沒有車又沒有適合的跑道練習，那就在飯店用器材練吧！結束後訊息給楊教練告知他把所有功課都做完了；然後又訊息給另一個人：陳偉殷。因為突然發現我是穿他的專屬品牌T在跑步的，拍了照發了訊息給他，寫了句「我比你還認真！」很奇怪而莫名的動作，可能是想讓不安的情緒稍穩定下來，但其實沒有太大的作用就是了。

226K之穿越活水湖

二〇二〇年十一月十四日早上六點，天色尚未明亮，活水湖比賽開始的鳴笛聲即已大作，前面一排的人很快搶先躍下水，激起好大的水花，如果不是也參賽其中，會覺得那是力與美才能激起的美麗水花吧！但我完全沒有這樣想，看著大家下水，最後一次提醒自己「開始就不能停，死都不能停，但千萬不能死！」就如同跑馬拉松一般，拚快一直不是我的專長，耐久才是我的強項，我只要求自己穩健地踏好每一步好好完賽，游泳也是一樣，更何況在水裡，我一直擔心被別人的腳踹到，萬一把我的蛙鏡踹歪了怎麼辦？所以就犧牲點時間慢點下水沒關係。

有了昨天的試游，對水溫有一定程度的了解和準備，起步的節奏還不錯，因為大會開放穿防寒衣，所以藉由防寒衣的浮力，雙腳不用太多上下踢擺，左右手的划動反而是重點，這時我覺得數月來的練習是有用的，演練幾千次的動作已轉換成左右手自然交換，好像生下來就會的姿勢。練習再練習啊！永遠騙不了人的。想起以前在練跑，那時常看一位中年大叔坐在堤防邊拉胡琴，我每次經過都跑超快，大概有四、五分速吧！因為他拉得實在是太可怕了，什麼叫做殺雞聲，這就是了。後來，我經過他身邊時速度變慢了，因為他的琴愈拉愈好，所謂的好就是很悅耳，我想這就是練習的力量，不知道他每個星期花多少時間坐在那裡拉琴，但那是有用的，不斷練習後。

早上不到六點就在游池狂練的我，現在知道付出是值得的，但可能是起步後太順了，畢竟游泳一直是我最恐懼的，居然起步後游得如此之順，有點得意忘形的我，忘了這幾年來在馬拉松學到的，那就是無論如何要保持節奏，別人再快也不要受到影響。但在水中的我竟忘了，游得順竟然想加速，看能不能更快一點，這一快就出了事，忘了賽前謝昇諺的叮嚀「沿著堤邊游保持方向」，等我加速一段時間後，抬起頭來看前方位置，才知糟了，竟游歪了，而且歪很多。其實我也不是不會定位游，也跟楊志祥學了一下，可是自己疏忽忘了它的重要性，把太多時間花在拉長泳距，沒有去重視這一塊，真的「因小失大」，要命的是我此時已大亂，想趕緊修正回原來的路線，結果又游歪了，簡直就是S形的路線在前進著，有一度我似乎聽到救生員在艇上對我呼喊「先生你游歪了！」我抬頭看真的有人在跟我說話，他，不對，是她，她好心對我說方向不對，我努力想修正，但還是聽見好心的妹妹對我喊「還是歪了！」這輩子到底有沒有經歷過如此慌張的時刻？沒有！肯定沒有！最後我竟然在水裡漂了一下，直接問她「我要去的方向在哪裡？」我絕對是創下二二六鐵人賽史最荒謬的一刻，但艇上的妹妹不這麼認為，她一心想救我，趕緊用手比了比「那邊、那邊！」我趕快做修正，而我因此浪費了多少時間、多少體力，已經無從計數了。

寫這本書的起心動念不是要告訴讀者如何完成二二六超級鐵人賽，以我這種快被關門的成績是沒有資格來做這件事的，我只是要傳達一種「沒有不可能」的精神，不論你幾歲，只要努力都可以達成目標，當你看到這本書對你挑戰二二六有實務上幫助的話，那就當作是「負面教材」吧！千萬別跟我一樣，一定要在定位游上好好花時間，切記在水中絕對不能亂。當時的我應該做的是用蛙式先調回節奏、找回前進的方位，慢慢回到出發時的感覺，但我並沒有這樣做，真的很失策，第一圈繞回頭時我還是像個被酒測的醉漢，無法直線前進，但至少是游完第一圈了。

比賽前有人跟我說過，當你游完第一圈是可以上岸休息然後再出發，聽到這消息我安心了不少，如果游了一千九百公尺後可以喘一下是再好不過了。結果，不要相信不真實的傳說了，也許別單位辦的比賽有可能，但我參加的CT二二六完全是三千八百公尺一口氣要游完的。

雖然第一圈已有點吃力，還要再繞一次，心理抗拒大過生理的負荷，但再怎麼不願意還是得再來一次，難不成要上岸回家嗎？我不快的速度加S形前進浪費的時間下，接近第一圈尾端身邊已沒什麼人，整個活水湖似乎只剩我一人，如果我們這群人被鯊魚追趕，那牠吞下的第一口、而且沒什麼肉的絕對是我，我就這麼孤單地游完第一圈。

到了第二圈開始不久，突然旁邊出現一大堆人，怎麼回事？哇靠！原來一一三組的已經下水，頓時水裡熱鬧不少，卻是那種你不想遇到的熱鬧，也不知是被手肘拐到還是被腳踹到，總之在亂鬥中我想辦法前進，這我在之前橫渡日月潭其實很有經驗了，那種全台灣會游泳的人都跑到日月潭，大家一團往前的景象，不過亂中好歹也讓我看到第一圈那個迴轉點了，此時傳來一聲慘叫聲，有人在喊「救命」，不誇張，真的有人喊救命，不知是怎麼回事，不過我已經「泥菩薩過江」很難再管別人，更何況現是在水裡，我的技術也沒好到可以左顧右盼兼出手拉人一把，相信曾幫過忙的船艇妹妹或其他人應該有聽到吧！他們的工作不就是要防止任何意外？所以沒管那麼多，繼續前進。

在游泳練習時我最長的距離是三千公尺，其實到最後是有點累了，有點擔心比賽時體力能不能撐完。第二圈繞過迴轉點是二千八百五十公尺，也就差不多是平常練習的距離，我手扒在迴轉台上小休息了一下然後再出發，或許那休息一下有用，不過正確來說應該是心裡覺得只剩最後半圈不到一千公尺的距離，所以體力沒有想像那般的流失而無法應付，我一邊游一邊抬頭定位，偶以蛙式調整一下，前進非常順，或許這才是我該要的游法，這就是比賽經驗吧！真的是千金難買，如果一開始就這麼做，成績絕對不一樣。

最後九百五十公尺，總算、總算讓我游完了，活著上岸那一刻完全呈軟腳狀態，很像以前在金門當兵，和海軍陸戰隊協同演習，坐登陸艇上岸衝一長段沙灘路，最後兩腳根本很難站在沙土中，那時心想只衝這一波就累成這樣還怎麼「反攻大陸」？不過此時腳軟的我還好有工作人員拉一把，再一次感謝工作人員。

我有應援團！

上了水邊的階梯，看到手拿加油牌的蔡承翰教練，他大喊我的名字緊跟著大叫「怎麼那麼久？」我也不願意啊！但我沒有這樣回，一直向他抱怨自己沒有游好，練了半天都白練了，歪來歪去亂七八糟，一直忙著跟他訴苦卻忘了比賽時間一直在跑，我應該做的是無論如何就是立刻卸下防寒衣，趕緊往轉換區前進才是，但我沒有，還在那裡叭啦叭啦說個半天，浪費寶貴時間，這又是一個經驗不足的實例。

和蔡承翰囉嗦了好幾句之後，我沿著大會鋪設的紅色路線往前跑，到轉換區是八百五十公尺，不算短的距離，但再遠也是要跑，身旁有不少人跟著一起跑，不過他們都是一一三組的選手，這給了我不少壓力，表示我落後同組二二六的人很多。就因為這種落後壓力而失了平常心，跑到轉換區一時慌亂竟跑錯了放置物品的位置，應該是自行車置物的區域竟衝到跑步區去了，一時找不到（永遠也找不到）趕緊問工作人員，才知自己搞錯了，這一來回又是好多時間的浪費。曾聽楊志祥教練podcast

的節目提到，有些女選手在轉換區還會重新打扮（化妝！）自己一下，這到底是多強的實力才能有這麼充裕的時間啊？不管了，我自己才是最重要，穿上卡鞋，牽著車往前移動，在工作人員指示下，跨上我的車出發了。

一百八十公里真的是不短的距離，從我住的永和到台中市區正好是這個數字。如果是直線騎乘也還好，至少沿途風景會不太一樣，但二二六比賽是四十五公里來回兩趟，也就是很多景物你得重複看好幾次，麻煩的是，我還必須在這個項目把剛剛因經驗不足而在水中浪費的時間補回來。賽前楊教練沙盤推演，他希望我完成的比賽時間是游泳一個小時五十四分，轉換區八分鐘，自行車七個半小時，轉換區六分鐘，最後跑步五個小時十六分。全部加起來的目標是十五個小時內完賽。結果我第一關的活水湖加轉換區就搞了近三個小時，一開始就比楊教練要求的時間落後一個小時。

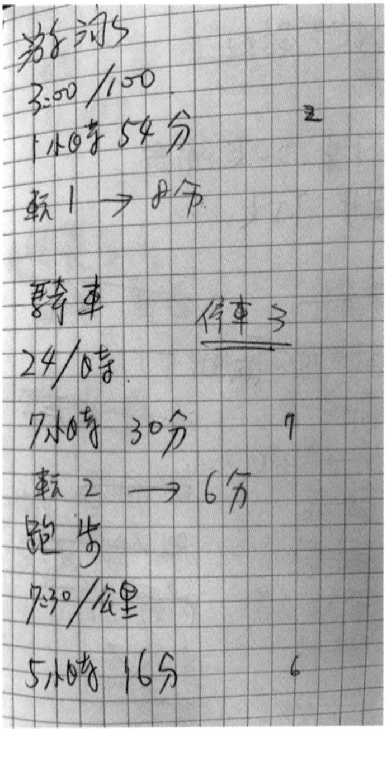

我當時並沒有如此精算，只知道自己差非常多，才剛踩上踏板就有那種我要被關門的恐懼，只能靠雙腳拚老命踩，看能不能補回時間，至少在下午四點前騎回終點。

從會場出來往中華大橋前進，到富岡碼頭前，心中的小陰影有點放下，當初一一三賽事就差不多在這裡爆胎，如果不是楊志祥救了我，那次比賽就GG了，這回我則順順利利通過此處。過富岡不久，看到美麗灣飯店在右側，正確的說法應該是差一點有個飯店在右側，我曾用不同的方式經過此處，有徒步的、騎車的，還有帶家人開車經過的，第一次經過這個地方看到一棟美麗建築物蓋在海灘邊，而且是個大飯店，第一個念頭就是來這裡度假應該很爽吧！後來才知道這是集合各種爭議的開發案，沒有通過環評，更剝奪了當地原住民活動的區域。已經蓋好的建物如今就空置在那裡，也不知未來會如何解決，看來是有得吵了。了解事件始末之後，再經過此處的心情就截然不同，包括現在二二六奮力往前衝的時刻，不再用台北眼光看天下，不過很奇怪的是明明已經沒有太多時間，我竟然還有空瞄到右側「飯店」想這些。再往前不久看到「水上流遊憩區」，也想到之前帶家人來這裡看著水逆流而上的有趣景觀，一個很不起眼的小水溝，就因為這麼神奇而吸引大批觀光客，但絕大部分是中國客，不過此時星期六的上午騎車經過沒什麼人車，頗有「門前冷落車馬稀」的空寂感。

其實在長時間的耐力比賽，能想東想西不是壞事，不會讓你覺得像是沒完沒了永無止境的踩踏、一直跑動著，大迫傑在他的著作中說到「現在這個時代，不只每天要面對柴米油鹽，還有社群網路，總是很難擁有自己專屬的時間，只有跑步的時候才能忘卻一切雜念。我認為長距離賽跑就是擁有這種宛如聖域一般的感覺。」的確如此，不論是練習或比賽，那是唯一自己獨處的時刻。

球評劉志昇有天問我「你們這些愛跑馬拉松的人，跑步時都在想什麼？」老實說很難回答，因為每次跑步想的都不一樣，而且也很難說要把什麼事留在跑步時去思考，例如要完成什麼計畫等。如果在公司或家裡靜下心都無法想出結果的事，你如何寄望在跑步喘得要命時得到答案？多數其實就是胡思亂想打發完那段時間而已，否則那種百般無聊的境況很折磨人的。

適時分心、適時的分散注意力不是壞事，二〇一九年我和好友劉祖寧騎一日北高，三百六十公里花了十七個小時騎完，過程中其實有不少時間是放空自己胡想些事情，有時是聽音樂度過的。不過這一次二二六大會規定，騎車這個項目不管花多少時間，全程都不能戴耳機，我想是為了安全考量，這有其必要性，尤其是快速移動的花東海岸線上。

通過水上流，一路上只有我一個人，幸好花東的台11線只有這一條筆直路徑，不可能會走錯路，不然這種大規模競賽，落後到只剩自己一人，還真會擔心走錯路。經都蘭往成功的路上我速度還行，期間有坡還有開始迎來的逆風，但和練習時北海岸的那

條路相比，實在是沒什麼，又再次慶幸有那麼多堅持不放棄的訓練。

至少要再衝一波！正要幫自己打氣時，身旁有「曾老師加油！」的聲音響起。那是蔡承翰、李維宇，還有林姿瑩，他們騎了兩台機車吶喊著我的名字在幫我加油。以前很不習慣人家叫我曾老師，我知道那是對專業人士的尊稱，但我就是聽起來不太習慣。後來陸續在世新大學及文化大學教了幾年書，既然真的在大學當起了正牌講師，那麼再被叫老師也就名正言順，聽起來也沒那麼怪了。

聽到「曾老師加油！」我回給他們一個笑容。騎車不能聽音樂，但這樣有人在

旁併騎加油，是不是違反大會規則就不確定了，經他們一喊，我真的精神為之一振，事實上早在車子剛出發不久的加路蘭休息區，他們就喊聲過一次，或者說更早之前的賽前夜，他們幾人就浩浩蕩蕩到我飯店房間，有人幫我按摩、有人幫我貼肌貼，那種陣仗根本讓人覺得自己是體壇超級巨星來著，記得那時趴在床上接受「服務」的我說了句「你們這樣搞，我怎麼敢不完賽！」

我要牽著最親愛的人完賽

我是一定要完賽的，無論如何一定都要完賽！一個畫面一直激勵著我，二二六終點前一百公尺，當完賽者經過這段大會鋪設的紅地毯，會牽著心愛的人跑完最後那一段，過去看那些畫面都讓我非常感動，我也想完成那最後一百公尺，牽著太太的手！

第一次和她相遇在大學操場，學校辦的系際杯壘球賽，中文系男生全系加起來不知道有沒有二十人，不論你會不會，什麼球類的競賽我們都是當然人選，沒得躲的，剩下還有班上、系學會幹部、搬書、打雜等都有你的份。我壘球打得還算可以，但最後系隊還是被慘電。比賽結束她要離開，有機車的我自告奮勇當司機，中文系的女生有氣質的不少，漂亮的卻不多，她兩者兼具。不用念過中文系也都該知道詩經上那句「關關睢鳩，在河之洲；窈窕淑女，君子好逑」。如果我書沒念錯的話，那後兩句的意思應該解釋為「內外美兼備的女子，與賢德兼備的君子實在是一對很好的配偶」。賢德兼備我是不敢說，那前者她是有的。交往之後，我媽對她的家事手藝、接待長輩的禮儀滿意得很，常帶著她爬山，還攜手同遊日本，完全不用擔心未來會成為婆媳大戰的「三明治家庭」。

我近三十歲才開始在剛草創的中華職棒工作，那時未婚，每年的職棒賽程表一出來就和她討論，一整年哪個時間點才能有機會相處，她也習慣我那種南北奔波、幾乎全年無休的記者生活，在沒有網路通訊軟體的時代，每日的「相處」就是晚上那通電話，其實以我們穩定的感情早該把婚結一結了，但就卡在專心於職棒的工作而延宕了，那時朋友問我何時要結婚，我還開玩笑的說「等統一獅拿冠軍吧！」那時我是統一的隨隊記者，統一在職棒元年是四隊戰力最差的，會回這一句意思是說要結婚可能還要等一陣子，結果沒想到給我這麼一說，隔年統一獅就拿冠軍了。

結婚三年後，她懷了我們家的老大，為了迎來老天給的大禮，專心照顧好小寶貝，她把很不容易爭取來的小學教職辭了，實在是件可惜的事，那時我常看她準備上課教材、圖片、字卡，很生動有趣，她帶學生校外教學時我也跟過一、兩次，對於這位漂亮的女老師，小朋友簡直愛死了，在心中立誓要娶這種太太的小男生應該很多吧！但她還是放棄了這份熱愛的工作，沒有人比得上她家的孩子。

婚後我依然忙碌不已，原先的記者、編輯外加球評工作，為了多賺點，我另「斜槓」了好幾家媒體的專欄。我很忙，但沒有後顧之憂，她一直把家打理得很好，而且比一般人做得更多，我一早得出門工作，她怕打擾到我的睡眠，就帶著孩子睡在另一個房間，以免小孩哭鬧吵到我。長年工作，我錯失了家裡老大的成長，還好他有媽媽陪著，而且一路陪得很好，她曾對朋友說過一句話令我印象深刻，「我們家小孩從生下來到大學沒有在外面吃過早餐」，每天準備早餐且天天樣式不同，她很驕傲這件事，我則感恩這件事。

很感恩加上感激，還有不捨、虧欠等各種複雜情緒交織而成的是老二的降臨，女兒急著來到這個世間報到，提早出生三個月，也輕非常多，才一千公克出頭，一出生就被迫躺在保溫箱中，那是對我們家的極大衝擊及考驗，家裡有個和別人家不一樣的孩子，父母親總是自責，我太太更是如此，多數的考驗都讓她一人承擔了。

孩子躺在保溫箱，她先回到家中休養，但仍然堅持要餵母奶，一如家裡老大出生後，所以她先在家裡擠完母奶再搭捷運到醫院交給護士。記得那天颱風天，風雨大得嚇人，她惦記著在醫院的女兒，頻問不知會不會被風雨聲嚇到，即使風風雨雨，她還是一樣要送母奶給妹妹，又怕我開車危險就一個人冒著風雨出門了。

那段時間我還得去新加坡轉播球賽，女兒的狀況就靠著越洋電話回報，電話中有時會出現她欣喜的口吻，她說「妹妹今天多喝了３ＣＣ的奶喔！」在異國的我流下淚來，我應該陪在她身邊，而不是讓她獨自面對這一切。

好不容易把女兒抱回家，卻是漫長而艱辛路的起始。因為早產所以女兒成長遲緩，坐、爬、站、走都比同齡的孩子慢，且愈來愈慢。打從懷裡抱著開

始，因為我早上有美國大聯盟轉播賽事，只能由她帶妹妹搭捷運再轉公車到天母去做復健，光車程來回近三個小時，這樣週而復始的日子經歷了六、七年之久。入學年齡到來也沒有比較輕鬆，只是換了另一個折磨她的方式而已，怕妹妹走路不穩跌倒、怕上廁所沒人陪不安全，她就這麼送女兒到校後一直留在那裡直到放學，別人只念一次小學六年，她整整上了「兩次」。

我們家妹妹即將大學畢業，久未碰面的親朋好友每每看到她都會說上一句「長這麼大了啊！好快喔！」只有我們知道這一條路走得有多慢，對她而言更是如此難以言語。

當年那個校園美少女，她的人生在三十幾坪的空間中打轉，用頂上的白髮、眼間的皺紋去換取家裡的穩健，讓婆婆安老、孩子成長、老公放心打拼。我能回報她的不多，也許就只有最後那一百公尺，我要牽著她的手跑完那最後一段路，我感謝她對這個家的付出，也希望她能為我感到驕傲，最心愛的人我要牽著她的手完賽，我一定要完賽！

226K之孤獨的台11

自行車持續往北行，加油的蔡承翰等人不知何時不見了，可能都回去補眠了，我依然是我，雙腳還是不停踩踏著，該吃能量包了嗎？看看手上的時間，已經過了一個多小時，我吞了幾包能量包？前一包是什麼時候吃的？完全忘光光，明明比賽前還去聽了分享會，了解比賽該如何補給，一上場全忘光了，只憑感覺胡亂吃，六點下水到現在照說要有飢餓感卻全然沒有，只知道要拚命的踩、一直踩。

到鹽濱路前按指示要右轉進入海岸線，那表示第一階段的四十五公里快結束了，此時天空飄雨了，東北季風也發威，加上騎海岸，最後還有一長段上坡，各種不利的條件全部來襲，彷彿集體在嗆你「啊你不是很強？不是號稱鐵人嗎？」很挑戰的一段，這時什麼都可以想，甚至放空也無所謂，只有一件事不能想，那就是等會兒同樣一段路還要再騎一次，況且「等會兒」可能是在四個小時後，體力已流失的狀態。此時只能安慰自己已經騎了四分之一，而不是還有四分之三，這樣想比任何精神鼓勵都有用。

繞過八嗡嗡海岸線逆時針回轉，補給站的工作人員大聲對我喊「加油」，我沒有太多力氣回，只在心裡說著「謝謝，我需要！」回轉後往中華大橋的方向騎就是順風了，經過四十五公里逆風之後，接著順風騎是享受的。要加快速度就趁此時，把均速拉高到三十到四十公里之間，一種風馳電掣自我良好感覺伴隨而來。從下水到現在差不多六個小時過去了，表示現在是中午了，傳說中台東惡毒的太陽沒有跑出來湊熱鬧，我們是幸運的，因疫情影響改到十一月的比賽，今天雖然有雨絲卻是怡人的競賽天氣。

沒了天氣考驗卻有另一個試鍊，耐受肚餓的能力。由於花東海岸一邊臨海，能做生意的多數在另一側，也就是我往回騎的右邊。一路上看著好多美食，「阿美生魚片」、「成功豆花」、「東河包子」、「都蘭窯烤麵包」，原本沒什麼感覺的肚子也咕咕叫起來，好想每一站都停下來大吃一頓啊！但我得趕時間，連上廁所都不可，哪來的空檔大啖一餐。這種「痛苦」不是沒有過，之前在長距離外騎訓練時，同樣也是在要求速度下沒有休息，要忍著沿途美食誘惑而無視，現在想起來原來這也是「訓練」的一環，要忍別人所不能忍的，如果吃完一餐下午再騎就不是鐵人了，鐵人磨你的體力，更磨你的心志。

順風之下很快通過中華大橋，也就是第二個四十五公里快過了，過橋後要再左轉重騎一次，還有九十公里等著我。右轉則是一一三組完成他們自行車九十公里的賽程，表示他們騎完準備跑步，看著他們往右可以不用再騎了，你知道那一刻有多羨慕。打個比方，當過兵的人都懂，早年當兵的役期有分兩年及三年，同一天入伍，可能差了三百六十五天才退伍，那時我當兩年兵，在金門搭船準備退伍回台，送我們去

碼頭的軍車司機和我同梯，但他是三年兵，眼睜睜看著我們上船回家當老百姓了，他卻還得再熬一年，那時他目送我們離開的眼神很難忘。現在我能體會他的心情了，看著一一三組的人右轉回去，我得再騎一圈，那感覺真的超級像還要再當一年兵，有夠不情願的。

然而不甘心也不能當「逃兵」，只能低頭再騎一趟。老天不會因為你騎了第二次就略微同情，往北一樣逆風、一樣有坡，而且感覺風愈來愈大，坡愈來愈陡，其實風沒有變大，坡度也相同，只是體力慢慢流失中，就深感風大坡陡了，而且沿路景色要再看一次，台11線的花東海岸應該是全台最美的景色，但相信我，如果你騎了一百公里之後又要重來一次，是沒什麼愉悅心情去觀賞的。

賽前自己曾突發奇想的做了一、兩次練習，就為了體驗這種不想騎但非騎不可，又重複一直看相同景色的演練，當時設定完成一百四十公里的騎乘，地點選擇在家門前的河濱步道，這條位於新店溪左側的步道，從秀朗橋騎到三峽差不多二十五公里，要達到預設目標表示我得來回一直騎不可，記得右去左回不斷繞之後，第三次看到秀朗橋墩時真的有快吐的感覺，很無奈但也是一種訓練，此時就受用了。再回頭重複看富岡碼頭、小野柳、都蘭、金樽、成功等地，我用騎門前河濱的相對位置來比對，假想差不多到了華中橋、土城來換算，提醒自己又一次往前推進，離目標不遠了，如果一直想怎麼都到不了，就會覺得像鬼打牆似地繞圈圈。題外話，完賽隔天，幫我加油的教練們提議要去哪玩，林姿瑩說那就去都蘭，結果我給她個大白眼，加了句「一年內我不要再看到台11線了！」

我頂著逆風前行，用吃奶的力氣踩著，到底大腿要怎麼帶動，前腳如何勾踏板，腳尖不能下壓，誰記得呢？只記得阿爾佛雷多．賓達說的那句「騎自行車只需兩條腿」，唯有不停地動才是王道，「ALL ASS，NO GAS!」不停地動，總算又到了八嗡嗡海岸，此時下起了一陣不小的雨，不誇張，風勢變得無比強大，如果是順風該多好，偏偏是臨海的大逆風，風颳在臉上有刺痛感，如果用漫畫呈現，那我應該是上半身和車體呈一字型，畫中有好幾條粗黑線由左上斜劃過我到右下，或者像小時候看到的圖片，擬人化的風神鼓起了大嘴對著我直吹，想辦法把我吹倒或看我能撐到什麼時候。明明是騎車卻比走路快不到哪裡去，第一次經過還沒感覺，現在再騎回來，突然想到為什麼這裡叫「八嗡嗡」呢？不論原因為何，現在風颳在耳邊還真的「嗡嗡」

作響。

爬過八嗡嗡最後一道坡後回轉，就剩最後一段四十五公里了，我驚訝於自己的體力始終保持著，雖然騎得真的很厭世，卻還不至於出現人生跑馬燈，我想應該是心中只有一個信念，一定要堅持到底、一定要牽著老婆的手進終點，可千萬別在下午四點前被關門。真的很難相信我已經在車上待了五個多小時了，五個多小時到底可以做多少事？搭飛機去新加坡早就降落了；可以看兩部Netfilx電影外追一部影集；棒球賽可以延長到十六局。而我還在踩、一直踩，中間只到某座加油站上了廁所，前後不到三分鐘。

我繼續踩，景物不斷往我身後退、愈來

愈迅速地退。小時候跟媽媽坐火車去高雄，停靠月台火車啟動後，看著建築物往後，還跟媽媽大叫說「房子會動、房子會動」，我現在卻很確定只有自己在動，腳不停畫圈地動，此時突然看到前方不可思議的影像出現了，居然一百公尺前有人，這麼長的時間追趕後，我居然見到別人的車尾燈了，等等！不會是一一三組的人吧？不可能，這個時間點一一三組早被關門了，我鼓起餘勇奮力踩著，追到他身旁見到椅座後的號碼牌顏色，果然是二二六同組的人，一直以為是最後一名的我居然超車了，而且還對他喊了句「加油！」，真的很希望我們後段班人一起加油。

追過一個人之後，約莫五、六公里後我陸續超越了幾個人的車影，精神一整個大振作，接著又聽到熟悉的聲音，蔡承翰不知何時又出現了，我以為教練團們早回去休息了，原來還是有人不離不棄啊！他不停對著我喊「速度很好，你現在差不多有四十公里，沒問題的！」又關心地問「餓不餓？要不要吃東西？」還是那個疑問，不知這樣違規嗎？但我騎我的就準沒錯，事實上他跟不久，就說準備要在跑道上等我，他相信我絕對沒有問題的。

這一回經過中華大橋肯定可以右轉不用再繞一圈了，我帶著略顯激動的心情即將回到活水湖場地，最恐怖的三千八百公尺游泳我過關了，最要人命的一百八十公里自行車我騎完了，最後只剩一個全馬了，是的！要說「只剩一個全馬」，而不是「還有一個全馬」，這很重要。每個人聽到二二六超鐵都覺得不可能完成，是因為前兩項就很折磨人了，最後居然還有一個四十二公里的全馬跑步在等著，所以很令人卻步。但某一天侯以理跟我說了這個觀念，讓我大改觀，她說你要從另一角度想，不是還要跑一個全馬，而是只剩一個全馬，聽起來完全不一樣，對不對？這樣一想你就更有動力完賽。

是的，只剩一個全馬了。但在還沒開跑前卻感受到這一生最驕傲的瞬間，當車以不慢的速度衝回賽場時，工作人員哨聲大作幫我開道邊大喊著「二二六的回來了，讓開！讓！」旁邊有不少可能是一一三已完賽或是純觀賽者，他們自動讓開路讓我通過，臉上滿是敬畏之情，不少人拍手幫我加油喊，那一刻我真的覺得自己在做一件一般人很難做到的事，一件了不起的事，很驕傲的。

雖然在最後一趟四十五公里追過一些人，但我很清楚自己離關門時間僅比壓哨好一些而已，所以趕緊換裝準備起跑，這一次在轉換區就順暢多了，大概十分鐘就

ＯＫ了！起跑後我驚訝於自己的速度非常好，這又要感謝楊志祥之前的訓練，讓我練那麼多的轉換跑，雖然我常外騎百餘公里之後，很心不甘情不願地再跑近一個小時，但這個時候就知道正確訓練是多麼重要的一件事，我沒有因近兩百公里騎乘後軟腳，反而跑起來速度不差。

天色還未暗，突然發現清晨出門前用簽字筆在手掌上寫的字不見了，下水游泳好不容易上岸、接著戴手套騎車都沒有意識到原先寫的字消失了，我在左掌寫「堅持」，另一手寫「LABA」，希望看著雙手上的字能讓我打贏這場耐力戰，尤其是工作上的好夥伴、同是棒球球評的LABA潘忠韋，在比賽那段時間他正在和血癌博鬥著，不斷化療進出醫院，這麼好個性又優秀的棒球人材，在這一年多忍受了別人無法想像的痛苦，這一條漫長的路他還得辛苦走下去，之前在騎「一日北高」時，我在車衣後頭也貼上「RIDING FOR LABA」字樣，就希望我的完賽能帶給他些許力量，這一回同樣如此，但手掌上的字可能早在那兩個多小時的水中被沖洗掉了，或者是那段七個多小時的自行車騎乘被汗漬給刷掉了，我是不是該寫在手背上會好一點？思緒有點亂，但步伐還是很穩健地前行著。人是不是會做出一些自己都感到意外的事？講一句漂亮話，說出一番道理，那當下你會訝異於自己怎會如此。現在的我就有一種很不真實的感覺，很不真實，在十幾個鐘頭腳都沒有停下來之下，我為自己還跑得動而且速度不慢，甚至比純全馬的速度還快而感到吃驚不已。在之前的一一三比賽，騎完車轉換跑步的前面一大段路，我完全跑不起來，應該說是用步行的方式前進著，但現在更長的時間體力耗損之後，我居然跑得飛快，這是怎麼一回事？如果不把原因推給教練的正確指導、那些長期的肌力鍛鍊，以及每星期大跑量的話，我還真找不到第二個，「機會是留給準備好的人」這句話大家朗朗上口，但在這個賽場上我要說的是「準備好才有機會」，有機會一直跑到終點。

六十歲的我正跑向活水湖園區。

226K之衝過終點線

跑向活水湖的途中天色尚未暗，一進入活水湖園區就見到不少人在跑動著，不像之前騎車落後的我根本從頭到尾好像是一人在競賽般，不過我得提醒自己旁邊雖然有人，但不表示他們也和我一樣落在後頭，可能是已經跑進活水湖第二趟了，因為依大會路線規劃，全長四十二公里的最後考驗，很多路線要重複跑兩次，包括要繞活水湖園區不止一圈。

才見到第一位跑友我就試著邊跑邊和他聊，好奇問他這是第幾圈了。他回說第二圈，我趕緊說好厲害，是真心的稱讚。免不了也問一下這是他第幾次的二二六、平常怎麼練的，就隨便聊兩句而已，不是真的要知道答案，就只是在分散注意力而已，希望藉此稍微忘掉身上的疲憊。後來每經過一人也都閒聊一下，內容差不多，我根本像是在做二二六參賽者的街訪，而且我發現大家好像也很樂意分享，顯然一整天下來再強的人都累了，有人跟你說說話是很好的。

當中我聊最多的反而不是跑者，而是一位騎車的志工，原本我只是想問他有沒有噴劑，因為擔心小腿要抽筋了，其實只是擔心而已，先噴個心理安慰罷了，但他回說沒有，結果我們就這樣聊起來了。他一邊騎著機車一邊陪我真是辛苦，他是位服役中的軍人，利用假日來幫忙，真是太有心了，最後他連住哪裡、生活、感情狀況全說了，可能是彼此原本不認識，沒什麼利益關係，反而更能放開心房去說心裡事，很感謝這位志工陪我「走」這一段路。

繞完活水湖差不多是五公里，速度依然保持著，此時突然腰間的手機響起，一看號碼顯示是楊教練來電，匆忙拿起來滑過接聽鍵。

「喂，楊教練！」

「你怎麼還在接電話？」

「不是你打給我嗎？」

「喔！對，我只是問你狀況如何？」

一開頭的幾句對話有點爆笑，打電話的人在質疑接電話的人。不過楊教練的重點還是在於關心我目前的身體狀況，我回報還ＯＫ，難免還是和他說自己在游泳時表現很差，完全是經驗不足的結果。以前參加比賽，總是會先說有完賽就好，敢報名就很厲害等，到了二二六賽前就對成績有點在意了，很在意自己成績絕對是和備戰的時間及訓練量有關，練得多就希望有更好結果，沒想到第一關就砸鍋，變成後面只求完賽。

對自己抱怨了幾句，感謝楊教練關心之後，腳步沒有停下來，也不敢停下來，一再告誡自己絕不能停、死都不能停下來，因為慢慢見到對向或同側有人在步行了，見到別人用走的，這種畫面出現對自己心志是很大的挑戰，真的很想和別人一樣，就停下來用走的，那是多輕鬆啊！不過我知道也許別人可以但是我不行，我只要停下來就完了，之後會不斷在跑跑停停中輪迴，而且用走的時間會愈來愈長。最慘痛經驗是田中馬，天氣爆熱，還沒開始跑就說死定了一定跑不完，心理認定跑不完，生理也會跟著不聽話，結果第一次停下來用走的之後，就是無止境的陸軍行軍了。所以這回要完全避免這樣的狀況，在之前長跑訓練時，不論是二十公里或三十公里，永遠提醒自己速度其次，重要的是無論如何不能停下來，因此我從沒有一次在目標達成前停下腳步。那要如何辦到？好像也沒有其他方式，就是對自己喊聲、每跑一步對自己默喊「堅持」。

我撐下來了，靠著自己的意志力、靠著補給站熱情的志工，還有不少跑團的私補贊助及加油聲，我跑過活水湖區，又來回跑過一段不算短的樹林區，終於轉進了馬亨亨大道，這是台東很重要的一條道路。我不知道八嗡嗡地名何來，卻知道為什麼叫馬亨亨。賽前上網查了一下，是為了紀念阿美族大頭目「馬亨亨」而命名，不過大概是比到精神有點亂了，騎過「八嗡嗡」現又跑到「馬亨亨」，心裡竟想起了「鳳飛飛」、「龍飄飄」幾個名字，真是對阿美族英雄大不敬。

剛轉進馬亨亨大道不久，熟悉聲音響起，我的教練們等在路口邊幫我加油著，而且很有心的自製了些標語牌立在路邊，頗讓人有職棒球星被擁戴的虛榮感，我只是心懷感激，開心地朝他們的方向揮揮手，腳步沒有停下來，因為還有一段來回十餘公里的長路等著我。

過不到一公里，我卻停了下來。老婆出現了！我慢下步伐給她一個超大的擁抱，我知道她差不多快出現了，她是搭下午五點多的飛機由台北到台東，算算時間也差不多該到了，心裡有底但看到身影還是非常驚喜。原本她差一點不能來的，台北的進修課業必須在週末完成，早先聽到她恐怕無法到場，真的心一陣涼，那想像中的牽手進終點不就泡湯了，會不會就少了堅持下去的理由？所幸最終還是克服下來，感謝航空業在這麼晚的時刻還有班機飛來台東。

太太學生時代是田徑隊，剛交往有一回去八仙樂園玩，一時興起兩個人在比短距離賽跑，我是認真全力衝，不過先通過終點的是她。結婚之後她一直忙於家務，別說跑步了，連一般運動的時間都沒有；顯然學生時代打下的體耐力基礎很深厚，近幾年陪我爬高山、長距離騎車、游泳、徒步旅行，沒有一樣難倒她。這時她又多了個工作：陪跑員。據說一一三組不能陪跑，但二二六可以，也不是很確定，不過已經比到夜黑天涼的時刻，大概也沒有幾個人忍心制止吧！

陪著我在馬亨亨大道來回著，我跟她回述一早六點下水後的一切，其實才不過十幾個鐘頭前的事，感覺卻像是過了半世紀。我又講了一次游泳S形前進的事，我到底有多介意？非常吧！然後說了楊教練打電話來還問我為什麼在接電話的趣事，她大笑不已。

嚴格講起來，全長四十二公里當中馬亨亨大道是最無趣的，整條路就是很平凡、直線的來回著，幸好一路上有補給站，還有不少跑團的私補站，全世界最熱情的人應該今晚都集中在這裡了吧！人們常說人是自私的，在這跑道上卻全然看不到，想必這些跑團朋友們不乏有二二六參賽的經驗者，深知此時的我們身心都到了臨界點，需要更多的精神鼓勵還有熱量補充。老實說，我真的沒什麼胃口，不停喝運動飲料也是滿肚子水，但某站（很抱歉我真的忘了名稱）跑團朋友拿了個包子給我，他力勸我一定要加減吃點東西，沒胃口也要想辦法吃一點，這樣形容當時的感覺可能很怪，就真的很像我是個臥床的病人，而他是相識許久的老友很真誠的在勸我進食，可惜我全心全意在跑著，也沒有那種精神體力去拍照了。如果可以，真的很想把每個人都拍下來，好好感謝一番。這些朋友及之前在林道補給站那群全台東最熱血、高分貝幫我們加油的高中女生，很謝謝他們，他們是我能撐完的另一股力量。

沒有穿著任何跑步裝備的老婆，陪我來回跑了一趟馬亨亨大道，步伐很平穩，果然是有底的練家子，不過她留在原處並沒有隨我進入林區。儘管之前跑過的路線還要再來一次，但我又再一次告訴自己只剩半馬了，一定要堅持下去。此時天色完全暗了下來，晚餐時間都不知道過了多久了，但我真的不餓，什麼都不管只知道腳不要停下來，賽前原本預想各種狀況，尤其到跑步這個階段我可能半跑半走、我可能完全跑不動、我也可能嚴重撞牆無法前進，或者最糟的是受傷掛了，可是現在還有二十幾公里的我完全沒有任何狀況，雖然降到七分速，至少都還在跑動著，我真覺得自己很強，是真的！

重新回到林區的我，見到愈來愈多人採用步行的方式前進，有的是對向道的跑友，有的是同側的人，經過一位女跑友，她不只是步行而且走得相當緩慢，我提起精神對她說「要不要試著跑跑看，我陪妳跑一段」，我誠心希望她不要放棄快跑起來。忘了在哪個節目聽過一段話，是說極限耐力的比賽，參賽者彼此之間是朋友而非競賽關係，過程中都希望互相拉一把，最後一起跑回終點，我當時就是那種感覺。大家從六點就下水到現在，經過的苦與累，身處其中才能了解，我們並非陌生人，而是一起打拼的戰友，戰友落難豈有不拉一把的道理？可惜這位「女戰友」不論我怎麼鼓勵都說自己不行了，而且一直勸我先跑，簡直就像電影畫面般。

全台灣應該只有少數幾人有這樣經驗，那就是遇到打不完的棒球賽，又非看完不可。之前我的主要工作是轉播美國大聯盟棒球比賽，他們的賽制是每場比賽都必須分出勝負，不論打幾局或多久，非得打出最後結果不可，一整年工作下來難免會碰到幾場九局結束仍然平手的比賽，接下來就進入沒有加班費的延長賽，當一局局往下打，一開始會覺得有點無奈，覺得今天很倒楣，可是一旦到了十四、五局之後，很奇怪的是反而精神來了，一種我看你要打到什麼時候的想法出現，不會去想已經轉播了多少時間了，竟然更專注於工作上。進入林區不久，我突然有同樣的感覺，明明身體已經不停轉動了十幾個小時，突然不累了，好像吃了什麼神奇的藥，頭腦一片清醒，精神來了，然後非常清楚地聽見蟲鳴聲，在獨特夜下無比清晰的蟲鳴，該如何形容蟲鳴聲呢？是嗡嗡、唧唧、咿咿、嘰嘰或啾啾？其實文字描繪一點都不重要，親耳聆聽方能感受其中，然後我再把注意力放在自己的腳步上，踩在地面落葉上發出的窸窸窣窣，清脆極了，這一生聽過這個聲音嗎？沒有，肯定沒有，那是一種「寧靜」後的聲響。這份寧靜感是事先沒有料到的，這讓我想到初創業時，忙到恨不得一天不只二十四個小時，有一天忘了演習的訊息，我依然開車外出，結果下午一點準時演習聲響大作，交通管制下我被困在三重某座橋下動彈不得，哪裡都去不了，我只能靜下心等待，那等待空檔照說應該是心煩意亂，但是我沒有，突然好像自己被抽離台北這近似混亂的城市，在駕駛座中感到無比寧靜，唯一能聽見的是窗外一些風聲而已，原來台北城也能如此，我也能放下一切安靜地待著。

閱讀《正念跑步》時，書中提到跑步的過程中你會累、會喘，會出現各種不適，不妨試著去專注身體變化，去留意自己的呼吸，去感受本身腳步移動瞬間，然後再放大到身邊的景物，草的吹動、天色的變化。這聽起來有點玄，甚至你會說都跑到累死了，怎麼可能做得到？事實上是可能的，在不斷的河濱跑步練習過程中，我試著這樣做，最後的確能慢慢進入這境界，有一、兩次在前進的路上還看見上方老鷹（是的，老鷹）的飛翔，那種「君臨天下」的王者氣勢，應該只有老鷹飛行才能讓人有這種感覺吧！

難以置信的是，我現在很享受這樣的氛圍，心理的滿足凌駕於身體的疲憊，林中只有我，原本後悔沒有帶照明頭燈，此時反而覺得太多的文明會破壞這自然的美好。再繞過活水湖畔時，明明沒有月光，在這深夜中卻見到光線反映後的湖水波光粼粼，古詩那句「明月松間照、清泉石上流」或許就是這意境吧！參賽二二六還能跑出古詩意境，想必我是台灣第一人吧，搞不好是已經跑到快「迴光反照」了吧？是的話，我也要享受這人生最難得一刻。

那到底現在是幾點了？九點了嗎？我不想拿起錶看，可能也不太想去做多餘的動作，就是身體無意識地重複擺動著，如果是九點後，那麼生活無比規律的我，應該是要進入睡前的SOP，寫完日記、在床邊放音樂、看看小說、散文，偶爾讀一、兩首新詩。從年輕至今生活如此規律，當規律被破壞時就多了些記憶。晚上九點多在金門崗哨站衛兵，心想何時才能退伍回台灣；大學時載女朋友（現在的老婆）回她家，那晚九點雨超大，邊騎邊想未來如果結婚，希望有能力買輛車；在高雄的中職比賽，那天雨中打打停停，晚上九點多竟只打了五局，沒完沒了的比賽，結果一直打到跨日才結束；兒子快上國中時，帶著他去掛號看診，九點多候診號響起是數字十五，而手中的號碼是三十號……。

思緒沒有組織性地亂飄，此時一個高分貝的對話聲打醒了我。

「我真的真的跑不動了！」

「妳給我跑起來！」

寂靜的林中這樣的對話聲音很嚇人的，不知是一對情侶或夫妻關係？女生看來真的力歇了，男生想辦法要鼓勵她，但需要這樣的口氣嗎？我曾聽過一個說法，男女交往後要觀察未來能不能好好相處，最直接的方式就是出國旅行，一旦兩人出了門，早晚相處後很多狀況都能引發爭執，因此能清楚看見彼此個性。玩樂旅遊都如此，一整天的游、騎、跑折磨下來，對感情恐怕是更大的試煉，也許此時男人身心也已經到了無法支撐的時刻，口吻才會在我聽來如此凶惡，但我們不是當事人，也不知道平日他們是如何相處的，說不定這是激發同伴潛能的最佳方式。我通過他們時並沒再回頭看女生最終有沒有跑起來，我相信如果他們最後一起通過終點完賽，未來的日子感情必然加溫不少，沒有比一起走過這條地獄路後更令他們珍惜彼此的，祝福他們！

又回到馬亨亨了，同樣的路線要再跑一次，又看到讓我心情愉悅的老婆還有加油團們，林姿瑩跟她男友專程去買了噴劑幫我舒緩腿部，蔡承翰依然是啦啦隊長，不斷高聲喊叫加油，老婆還是盡責的陪跑員。應該是即將進入比賽尾聲，我也肯定完賽沒有太大問題，心情相當輕鬆近乎愉悅，只是不知為何道路上古典樂聲響起，應該是當地里民辦公室之類的為民服務，但聽在我耳裡很是催眠的效果，不過除非把我腿打斷，否則沒有人能阻止我前進，我完成自己許諾的事，從頭到尾都沒有停過，不論是哪個項目，我的速度可能比不上年輕人，甚至落後許多，也犯下沒有賽事經驗的錯誤，但我意志力超強，沒有一刻是停止不動的。我不斷地跑了再跑，而且都全馬快跑完了才發現一件事，原來想藉由聽音樂分散注意力，腰間一直掛著手機，但除了接了一通楊教練的電話，手機完全沒派上用場，因為累到不想聽什麼音樂，手機沒派上用場，而且還大大增加我的負擔，我居然就背著這重物跑了快四十公里，都快跑完第二趟馬亨亨才想到要丟給老婆代管，果然一解下後身體輕了不少，步伐當然就更輕快了。

結束了第二次的馬亨亨，重回林區應該只不到五公里，最終的五公里，內心開始有點起伏，我真的要完賽了，跑進樹林後不久原有的路燈照明突然熄滅，應該是公務系統的設定，到了某個整點時間照明設備就自動關掉，那代表是不是已經晚上十點了？我一點也不在意，不會去埋怨為何不開燈到結束，我循著該有的腳步一步一步踏著，想起三十幾年前在金門當兵，夜間管制不能點燈，烏漆墨黑之下在碉堡間移動，靠著就是謹慎的腳步，這時的我就是如此，心情則要愉快百倍以上。

路邊補給站的志工們開始在打包收拾了，他們依然對我高喊加油快到了。是的，快到了，出活水湖園區應該只剩兩公里了吧？我朝著最後終點鐵花村方向跑，在轉進最後週邊小路時，突然熟悉的聲音出現，是侯以理，她不知從哪弄來腳踏車邊騎邊喊我的名字。從N年前她就說如果有一天我跑二二六，她一定會陪我跑一段，結果在前面四十公里她一個鳥影都沒出現，想說要放我鳥了，結果這時卻騎著車在我身邊，那騎車算不算「陪跑」呢？好像也不重要了，看得出來她很替我高興，一直盛讚我步伐穩定，不過我倒是不像個很厲害即將完賽的二二六選手，而是個絮絮不休的老人，還在講游泳沒游好的事，我到底是多在意啊？不過侯以理顯然心情相當不錯，完全沒受我影響，居然在她的粉專開起了直播，且一直強調這是她直播的處女秀，我對著手機鏡頭打招呼，已經忘了對「侯粉們」說了些什麼，只記得有一句是「如果侯以理推坑要你們參加二二六可要多考慮啊！累死我了！」

鐵花村就在眼前了，過去這近六個小時我跑過樹林聽到鳥鳴，跑過縣道感受到加油人們的熱情，突然轉到繁華的市中心有點不太適應，才前一天而已，感覺過了好久好久像是一年前。

在飯店落地窗前蔡承翰對著我說：你明天晚上就會通過這裡，當時心裡想的是希望我在最後還能堅持住，結果我堅持下來，背後是各種因素的加總及所有人的幫助。在鐵花村週邊的入口，老婆等在那裡了，為了這一刻我事先預想了幾百幾千次，我會以什麼樣的方式進場？我會是什麼樣心情？會不會哭出來？或是通過終點那刻要不要拉著終點布帶擺個帥氣的姿勢？好多想法、好多可能，結果我就只是牽著她的手往前跑，好像這是極其自然的事，為了牽著最愛的人這一刻我努力了很久，但等到來時內心似乎又很平靜。最後一百公尺地上鋪著紅地毯，我們牽著手往前，太太的手好溫暖，很像再一次走在婚禮的走道上。三十年前迎娶我身邊的人時，餐廳十幾公尺的通道我走得緊張兮兮，現在重新走紅地毯再迎娶一次，我步伐輕盈；三十年前婚禮上我聽不到婚禮主持人在講什麼，三十年後的現在，同樣聽不到大會播報在我即將通過終點大門、全世界最迷的人拱門時說了什麼。我只記得自己拉著那條終點布帶高舉了一下，一如世界冠軍一般，是的，我和世界冠軍的紀錄天差地遠，也比自己賽前預想的成績慢了一、兩個小時，但我像站在世界頂端一般，我真的辦到了！

二〇二〇年十一月十四日，晚上十點三十六分十秒！

後記

坐在永和的家中，離二二六完賽日已過了三個月，但那晚跑完終點後的每一刻依然歷歷在目，清晰得像生命中每個重要時刻。通過終點拱門後，我把紅色布條高舉過頭然後放下，步履有點不穩的往前走著，非常驚喜地看到三鐵好手張團畯為我掛上完賽獎牌，腦中一片空白的只知傻笑，接著工作人員把老婆拉過來要我們合照，拍完後我把她抱在懷裡，給她一個最深的擁吻，突然好幾瓶水往我頭上噴來，像極了拿下職棒總冠軍的香檳浴，我是大賽MVP、我是冠軍教頭，好爽快啊！原來是蔡承翰帶著教練們的傑作，又再一次感謝他們的用心，我們大夥就在那裡笑鬧成一堆，新加坡人形容高興到極致是「見牙不見眼」，那時我們每個人的表情就是如此啊！

然後大夥拿了張椅子給我，坐下後那個感覺才湧上來，天吶！好累啊！我再也不想動了，接著而來的感覺是好餓、非常的餓。他們幫我拿了個簡單的食物，我囫圇吞下，接著就等待著最後關門的倒數計時，這時離關門時間不到二十分鐘，坐在椅上的我衷心祈禱那些落後的「戰友」能堅持最後一里路衝過終點；每當聽到有名字通過終點站，我都忍不住用力拍手，太棒了！那是我唯一的感想。

五、四、三、二、一！當大會主持人高聲宣布比賽終止時，整個鐵花村上空燃放起煙火，燦爛奪目的美麗煙火照亮了台東的夜空，很想抱住身邊的每個人，但我站不起來了，真的完全動不了，就只能看著天空滿足的笑，一輩子的回憶啊！我想。

煙火慢慢消失在空中，曲終也伴隨人散，雖然還想多待一下品味那美好，但夜深了還是得走人，可是怎麼「走」呢？我完全不能動，好像起不了身了，究竟幾個鐘頭前我是如何一直跑不停的？真的有精神意志力會超越體耐力這種事嗎？我就是做到了，可一旦過了終

點目標達成後的我就像洩了氣的皮球，動彈不得，最後我能回到飯店是眾人攙扶，不對，是左右各兩個人架我一步步抬回住宿的地方。

後來是如何淋浴、換裝然後上床就寢？沒什麼記憶，只記得半夜三點多起床，被餓醒的，真的好餓啊！不忍叫起老婆，自己爬著下床弄了碗泡麵，三兩下吞完再回頭躺，但完全沒有睡意，一直試著回想過去這二十四個小時的點點滴滴，然後此刻的我才真正確定一件事，這是真實，不是夢想，六十歲的我完成了二二六超級鐵人賽！更難以置信的是隔天我還上了凸台，參加過那麼多的比賽，有一半以上是志在完賽，這輩子是第一次上台接受分組第三的獎牌，雖然聽說我們這個六十到六十四歲組的只有三個人報名，但我們每個人都完賽不是很棒嗎？而且我是這麼想，全台灣只有三位應該被視為「老人」的敢挑戰二二六，我們不止是鐵人更是勇者！

我現正坐在永和的家中，離二二六完賽已過了好一段時間。某天接到了二〇二一年在斯洛伐克舉辦的三鐵世錦賽主辦單位的邀請，因在「CHALLENGE TAIWAN」二二六的六十歲組跑進前三，所以有資格以台灣選手身分參賽。之前，就聽說過可能有機會去這一趟，當真的收到信才有那種「當國手」的飄飄然之感。呵，在天上的老媽一定不相信的啦！

很多事好像都是這樣，原來只是挑戰自己，努力朝目標前進，最後達成了，這已經是一百分了，沒想到還有另外的「獎賞」。儘管最後因疫情安全考量沒有出國參賽，但擁有一輩子不曾夢想過的「國手」頭銜，已是無法言喻的興奮了。

從一開始的完全不動、三公里跑不完的人，如今運動成為生活的一部分，很重要的一部分。現在每週的運動總量差不多是跑步四十到五十公里、騎車一百公里、游泳二千公尺，這樣的量和二二六賽前當然不能比，不過期間還有登山、徒步旅行等活動。運動之外，生活依然過得規律無比，不超過十一點就寢、靜坐、寫日記，還有每天洗冷水澡，如果有什麼不一樣的地方，應該就是二

二六之後變得極有自信，好像什麼事都難不倒。趁著這股信心，把過去一直學不好或中斷的事務再重新提起，例如跟女兒學彈鋼琴。二二六備戰及完成很明確地告訴我，書籍的知識還是得靠自己去實踐，《刻意練習》也好、《原子習慣》也罷，自己去做就會發現即使每天十分鐘，一天天慢慢累積力量是很大的。比賽也是如此，不用想太多，就是一公尺、一公里往前移動，不管是游泳、騎車或跑步。這是我從二二六超鐵賽學到的真理，就算已經六十歲了，發現這道理一點也不晚。

我現在很享受這樣的健康人生，很感謝年輕時的自己是如此的努力學習、認真工作，還有想辦法存錢，才能有樂活的現在。二二六超鐵賽或許只是個單日競賽，也可能有少數參賽者沒有什麼準備就能完賽，但對我而言是個別具意義的比賽，它讓我了解到什麼叫做「沒有不可能」，只要你決心完成一件事，去突破傳統上對年齡二字的看法，朝向目標努力訓練，過程中堅持不放棄，那麼即使外人看來非常難的連續三千八百公尺游泳、一百八十公里自行車，外加四十二公里跑步，六十歲的你還是能通過終點、牽著最愛的人通過終點。

「沒有不可能」是我最想傳達的！

3rd 226K MAL
WE HAVE A
DEAL
226K FINISHER

入魂 009

60歲的我，也能完成226超級鐵人三項

跨越年齡，超越極限，勇於挑戰的曾文誠

作　　者　曾文誠
特約編輯　賴譽夫
封面設計　萬勝安
責任編輯　簡伯儒
執行主編　簡欣彥
行　　銷　許凱棣

社　　長　郭重興
發行人兼出版總監　曾大福
發　　行　遠足文化事業股份有限公司　堡壘文化
23141新北市新店區民權路108之4號8樓
代表號：(02)2218-1417　傳真：(02)8667-1065
客服專線：0800-221-029　Email：service@bookrep.com.tw
郵政劃撥帳號：19504465　戶名：遠足文化事業股份有限公司

法律顧問　華洋法律事務所　蘇文生律師
印　　製　韋懋實業有限公司
排　　版　L&W Workshop
封面封底照片攝影　陳俊瑋
照片提供　ZIV運動眼鏡
初版一刷　2021年7月

ISBN　978-986-06513-6-2
定　　價　360元

國家圖書館預行編目資料

60歲的我，也能完成226超級鐵人三項：跨越年齡，超越極限，勇於挑戰的曾文誠
曾文誠 著　—初版.—　新北市：遠足文化事業股份有限公司（堡壘文化），2021年7月
216面；15×21公分（入魂；9）
ISBN　978-986-06513-6-2（平裝）
1. 曾文誠 2. 三項運動 3. 自傳 4. 臺灣
783.3886　　110008119